Die Romantische Straße

vom Main zu den Alpen

Text: Wolfgang Kootz

Fotos: W. Sauer, U. Strauch u.a.

Kraichgau Verlag

Die Romantische Straße – bekannteste und beliebteste Touristikroute

Das vorliegende Büchlein will Ihnen ein Führer und Begleiter sein, wenn Sie die Romantische Straße als Ganzes- das sind ohne Abstecher rund 350 km - oder in Etappen erkunden möchten. Während wir die 26 Mitgliedsgemeinden je nach Größe und Bedeutung relativ ausführlich in Text und Bild beschreiben, sind die zahlreichen sehenswerten Orte abseits der Hauptstrecke kurz erwähnt, gedacht als Empfehlung zusätzlich zum „Pflichtprogramm". Den größeren Orten ist ein Altstadtplan zugegeben, der Ihnen hilft, sich dort in den oft winkligen Gassen zu orientieren und die kulturgeschichtlichen Glanzlichter der Touristik-Route aufzuspüren. Da die Anfahrt über die inzwischen zahlreichen Autobahnen und Bundesstraßen bequem zu bewerkstelligen ist, sollte sich der im näheren Umkreis wohnende Tourist Zeit lassen für die Erkundung dieser ältesten und berühmtesten deutschen Touristik-Straße, die einen einmaligen Querschnitt durch abwechslungsreiche Landschaften sowie einen ungeahnten Reichtum an Kultur bietet. Hinter den Mauern alter Reichs- und Residenzstädte, Fachwerkhäuser und Winzerdörfer laden Oasen der Ruhe zur Rast ein, fernab der Hauptverkehrsadern zwischen Nord und Süd. Obwohl dieses Büchlein auf den PKW-Touristen zugeschnitten ist, läßt es sich selbstverständlich auch von Besuchern verwenden, welche die Strecke mit dem Bus oder Fahrrad zurücklegen.

Bereits an ihrem Ausgangspunkt Würzburg bietet sich dem Besucher mit der Marienburg, dem Käppele, der Mainbrücke, dem Dom und vor allem der fürstbischöflichen Residenz eine grandiose Fülle historischer Kunstschätze. Hier in der mainfränkischen Metropole schufen Riemenschneider, Neumann und Tiepolo unsterbliche Meisterwerke, die auch auf die Orte in ihrer Nachbarschaft ausstrahlten. Nach Süden schließt sich das badische Frankenland mit dem lieblichen Taubertal und seinen sonnigen Rebhängen und idyllischen Winzerorten um Tauberbischofsheim und Lauda-Königshofen an. Seine kunstreichen Gotteshäuser sowie die zahlreichen Heiligenstatuen und Bildstöcke gaben der Landschaft den Beinamen „Madonnenländchen", das auch bekannt ist für seine intakte Natur mit einer artenreichen Flora und Fauna.

Der Reiz der Romantischen Straße ist auch in der Vielzahl der kleineren geistlichen und weltlichen Herrscher begründet, die hier residierten. In Bad Mergentheim hinterließen die Hochmeister des Deutschen Ordens ihr Schloß, in Weikersheim waren es die mächtigen Herren von Hohenlohe.

Über Röttingen und Creglingen führt die Route durch eines der reizvollsten Täler nach Rothenburg, dem Inbegriff mittelalterlicher Romantik. Hier beginnt eine Reihe ehemaliger freier Reichsstädte, die sich über Feuchtwangen, Dinkelsbühl, Nördlingen bis nach Donauwörth zieht. Ihre Altstadtkerne sind allesamt erfreulich gut erhalten, als habe die Weltgeschichte hier über Jahrhunderte ihren Atem angehalten. Innerhalb dieser Folge sorgen die Kleinresidenzen der Fürsten von Hohenlohe-Schillingsfürst und von Oettingen-Wallerstein ebenso für ständigen Wechsel wie die mächtige Harburg über dem Wörnitztal zwischen der Schwäbischen und der Fränkischen Alb. Südlich der Donau durchreisen wir das Donauried und erreichen das 2000-jährige Augsburg, die einst mächtige Handelsmetropole der Fugger und Welser. Hier lebten und wirkten der Maler Holbein d.Ä. und der Baumeister Elias Holl, schlossen Protestanten und Katholiken 1555 ihren Religionsfrieden, begegnen uns auf Schritt und Tritt Zeugen der großen geschichtlichen Vergangenheit. Etwas abseits

liegt Friedberg, die einstige Festungsstadt der bayerischen Wittelsbacher.
Während der bisherige Verlauf der Romantischen Straße in etwa der mittelalterlichen Handelsstraße über Würzburg entspricht, verläuft sie ab Augsburg im wesentlichen auf der Trasse der römischen Militärstraße „Via Claudia", die einst Augsburg mit Rom verband. Sie durchquert das Lechfeld, auf dem im Jahre 955 Otto der Große die Ungarn besiegte und sie dadurch von Mitteleuropa fernhielt. Wir besichtigen Landsberg und Hohenfurch, ehe wir bei Schongau in den "Pfaffenwinkel" einkehren, ein Gebiet wie ein Freilichtmuseum der sakralen Kunst in Klöstern und Kirchen, ausgestattet mit unnachahmlichen Malereien und Stuckarbeiten der großen Wessobrunner Meister. Höhepunkt ist der Welt schönste Rokokokirche, die Wies. Lediglich die beiden berühmtesten Königsschlösser Bayerns bei Schwangau machen ihr im Publikumsinteresse Konkurrenz: das romanisch ausgebaute Hohenschwangau und - gegenüber - das Märchenschloß König Ludwigs II., Neuschwanstein.
Auch die Natur stimmt in den grandiosen Schlußakkord der Romantischen Straße mit ein und steuert Wiesen und Wälder, Seen und Bergketten als Kulisse für die herrlichen Bauwerke bei. Die Route endet schließlich in Füssen im Ostallgäu, nur einen Steinwurf von der Grenze nach Österreich entfernt.
Wer diese herrliche Touristenstraße offenen Auges durchfahren und diesen fast unerschöpflichen Reichtum kulturellen Erbes erlebt hat, wird dankbar sein, daß uns unsere Ahnen ein solches Übermaß an Kunstwerken hinterlassen haben. Ebenso ist unsere Generation aufgerufen, alles zu tun, diese Fülle von Überliefertem unversehrt an unsere Nachkommen weiterzureichen.

50 JAHRE 1950-2000
Romantische Straße

Deutschland und sein Autobahnnetz. Im südlichen Teil, besonders markiert, die 350 km lange Romantische Straße zwischen Würzburg und Füssen.

1

Würzburg

In Würzburg beginnt die Romantische Straße mit einem Paukenschlag. Die ehemalige Residenz der Fürstbischöfe besitzt trotz der Zerstörungen durch einen Bombenangriff 1945 eine Vielzahl von Kulturschätzen internationaler Bedeutung, das Residenzschloß wurde 1982 in die „UNESCO-Liste des Erbes der Welt" aufgenommen.
Erwähnt wird die Siedlung am Main bereits

Die mächtige Festung Marienberg über den Weinbergen war einst Residenz der Fürstbischöfe von Würzburg. Vorn die alte Mainbrücke.

Information

Congress & Tourismus Zentrale, Tourist Information, Fränkisches Weinland, *Am Congress Centrum, Tel. 0931/372335, Fax 373652, Internet: http://www.wuerzburg.de, e-mail: tourismus@wuerzburg.de, Mo-Do 8-17 Uhr, Fr 8-12 Uhr*
Residenz: *April-Okt. Di-So 9-17 Uhr, Nov. - März Di-So 10-16 Uhr, Tel. 0931/3551712*
Martin-von-Wagner-Museum in der Residenz: Gemäldegalerie: *Di-Sa 9.30-12.30 Uhr*
Antiksammlung: *Di-Sa 14-17 Uhr, So (Gemälde- oder Antikensammlung) 9.30-12.30 Uhr*
Graphische Sammlung: *Di und Do 16-18 Uhr, Eintritt frei, Tel. 0931/312288*
Festung Marienburg: *Ausenanlagen ganzjährig zugänglich*
Mainfränkisches Museum: *April-Okt. Di-So 10-17 Uhr, Nov.-März Di-So 10-16 Uhr, Tel. 0931/43016*
Fürstenbaummuseum: *April-Sep. Di-So 9-12.30 Uhr + 13-17 Uhr, Okt.-März Di-So 10-12.30 Uhr + 13-16 Uhr, Tel. 0931/43838. -* ***St. Kiliansdom:*** *Ostern bis Allerheiligen Mo-Sa 10-17 Uhr, So/Fr 13-18 Uhr, Allerheiligen bis Ostern Mo-Sa 10-12 Uhr und 14-17 Uhr, So/Fr 12.30-13.30 Uhr und 14.30-18 Uhr. -* ***Domführungen für Einzelgäste:*** *Ostermontag bis Allerheiligen Mo-Sa 12 Uhr, So/Fr 12.30 Uhr, Dauer ca. 1 Stunde.*

450 n. Chr. und erneut 650 als Sitz fränkischer Herzöge. Im Jahr 689 erlitten hier die drei irischen Missionare Kilian, Kolonat und Totnan den Martertod, 742 gründete Bonifatius das Bistum. Ab 1030 gehörte die Stadt den Bischöfen von Würzburg, die gleichzeitig Herzöge von Franken waren, ehe Napoleon 1802 die weltliche Herrschaft der Kirche beendete. Seither gehört die Stadt, mit kurzer Unterbrechung 1805-14, zu Bayern.

Die erste christliche Kirche der Stadt, gleichzeitig nach dem Dom von Trier die älteste Deutschlands, wurde 706 zu Ehren der Muttergottes geweiht. Nach ihr nennt man den „Würzberg“ auch heute noch Marienberg, ebenso wie die Burg, die ab 1201 dort entstand. Bis zum Bau der Stadtresidenz (18. Jh.) diente sie den Fürstbischöfen als Wohnsitz und Schutzschild gegen die immer wieder nach Reichsfreiheit strebenden Bürger. Erst 1631 gelang Gustav Adolf von Schweden die erste Er-

1 - Residenz; 2 - Festung Marienberg; 3 - Dom; 4 - Neumünster; 5 - St. Burkard; 6 - Deutschhauskirche; 7 - Franziskanerkirche; 8 - Marienkapelle; 9 - St. Gertraud; 10 - Karmelitenkirche; 11 - Stift Haug; 12 - St. Peter; 13 - Augustinerkirche; 14 - Käppele; 15 - St. Stephan; 16 - Don-Bosco-Kirche; 17 - St Alfons; 18 - St. Johannis; 19 - Alte Universität; 20 - Juliusspital; 21 - Grafeneckart und Rathaus; 22 - Bürgerspital; 23 - Alte Mainbrücke; 24 - Alter Kranen; 25 - Mahnmal; 26 - Höfe und Bürgerhäuser; 27 - Conti; 28 - Roter Bau; 29 - Rückermainhof; 30 - Huttenschlößchen; 31 - Bronnbachergasse; 32 - Haus Theaterstraße 4; 33 - Haus zum Falken; 34 - Zum Rebstock; 35 - Städtische Galerie; 36 - Otto-Richter-Halle; 37 - Hofspitalkirche

Festung Marienberg: links der Kiliansturm und das Scherenbergtor.

oberung. Ab 1642 wurde sie zur Reichsfestung ausgebaut, die Mehrzahl der heutigen Baulichkeiten erhielt ihre heutige Gestalt. Darin sind heute Teile des Staatsarchivs, ein kleineres Kongreßzentrum, eine Gaststätte, das „Fürstenbaumuseum" zur Stadtgeschichte sowie das Mainfränkische Museum untergebracht, das neben einer Sammlung sakraler Kunst und Zeugnissen fränkischer Weinkultur einen Überblick über das Werk des Holzschnitzers Tilman Riemenschneider zeigt. Der berühmte und angesehene Künstler lebte 48 Jahre in Würzburg, war hier Ratsherr und später Bürgermeister. Während des Bauernkrieges 1525 sympathisierte er mit den Bauern und wurde nach deren Niederlage gefoltert und gefangengehalten. Kurze Zeit nach seiner Freilassung starb er 1531 als gebrochener Mann.

Vom Fürstengarten hat der Besucher einen herrlichen Blick auf die Altstadt jenseits des Mains mit der Alten Mainbrücke, den hoch aufragenden Türmen des alten Rathauses, des Doms und der anderen Kirchen sowie dem mächtigen Komplex des Residenzschlosses. Vom südlich gelegenen Nikolausberg grüßt die Wallfahrtskapelle „Käppele", die noch heute von frommen Pilgern besucht wird. Auf dem steilen Weg bergan laden immer wieder Terrassen mit Kreuzwegkapellen (18. Jh.) zur Rast und zur Besinnung ein. Den Hauptbau mit den Zwiebeltürmen begann Balthasar Neumann, Baumeister des Residenzschlosses, 1748 unter Einbeziehung der Gnadenkapelle (1653). Neben dem schönen Ausblick belohnt die reiche Innenausstattung der Kapelle den Besucher: Die prächtigen Deckenfresken des Matthäus Günther, umrahmt von verschwenderischen Stukkaturen der Wessobrunner Schule, das Orgelgehäuse im Stil des Rokoko und der klassizistische Hochaltar zeugen von der stilistischen Vielfalt der 2. Hälfte des 18. Jahrhunderts.

Die Alte Mainbrücke führt uns in die Altstadt östlich des Mains. Sie erhielt ihre heutige Form im 18. und 19. Jahrhundert, doch enthält sie Bauteile aus der Zeit Bischof Burkhards (8.Jh.). Sie gefällt durch die 12 überlebensgroßen Barockfiguren von Heiligen und Herrschern. Links vor uns ragt der Turm des Grafeneckart auf, einst Wohnsitz eines wohlhabenden bischöflichen Beamten. Die beiden unteren Geschosse des Gebäudes dienen seit 1316 als Rathaus, das man im 15. und 16. Jahrhundert aufstockte. Der Wenzelsaal erinnert an König Wenzel, der 1400 wegen Untätigkeit abgesetzt wurde und den Beinamen „der Faule" trug. Er versprach hier 1397 im Weinrausch den Würzburgern die Reichsfreiheit. Obwohl er die Zusage am nächsten Tag widerrief, führte sie zu einem Aufstand gegen den Bischof und seine Festung, deren Erstürmung nur knapp verhindert werden konnte.

Gleich hinter dem Rathauskomplex führt die Langgasse zum nahen Marktplatz mit der gotischen Marienkapelle, erbaut anstelle einer 1349 während eines Pogroms zerstörten Synagoge um 1400. Am Marktportal finden wir die steinernen Statuen von Adam und Eva, deren Originale von Riemenschneider stammen. Im Innern ist besonders die Grabstätte Balthasar Neumanns erwähnenswert.

Gleich neben der Kapelle fällt die reiche Stuckfassade des Falkenhauses ins Auge, 1751 als Wohnhaus eines wohlhabenden Bürgers geschaffen. Es beherbergt heute das städtische Kulturamt, eine Tourist-Information sowie die Stadtbücherei.

Ganz nahe steht der originelle „Häckerbrunnen" mit der Darstellung eines alten Winzers mit Hacke und Weinkrug. An ihm vorbeigehend, halten wir uns rechts, wo uns die Martinstraße, und die Rundkuppel zur Neumünsterkirche leiten. Vom linken Seitenschiff gelangen wir zum stimmungsvollen Lusamgärtchen. Unter den Resten des romanischen Kreuzgangs befindet sich das Epitaph des berühmtesten deutschsprachigen Minnesängers, Walthers von der Vogelweide (gest. 1230), der hier aus dem Besitz des Neumünsterstifts ein Alterslehen erhalten hatte. Im Gotteshaus selbst ruhen die Gebeine des hl. Kilian in einem Steinsarg.

Nachdem die Marienkirche auf dem Berg ab 742 Bistumskirche geworden war, wurde 788 in Anwesenheit Karls des Großen der erste Dom innerhalb der Stadt erbaut. Um 1050 entstanden die ältesten, romanischen Teile des heutigen Kiliansdoms am Ende der Domstraße. In den folgenden Jahrhunderten folgten Um- und Ausbauten in Gotik und Spätgotik, Barock und Spätbarock. Bischöfliche Grabdenkmäler des

Barocke Stuckfassade am Falkenhaus, dahinter die Marienkapelle.

Blick über den Main auf Würzburgs Altstadt. Vorn die Alte Mainbrücke, dann die

Türme des Grafeneckart und des Doms, links die Rundkuppel der Neumünsterkirche.

12. bis 20. Jahrhunderts zieren das Gotteshaus. Die künstlerisch wertvollsten sind die der Fürstbischöfe Rudolf von Scherenberg (gest. 1495) und Lorenz von Bibra (gest. 1519), beides Werke Tilman Riemenschneiders, sowie die ältere Grabplatte des Otto von Wolfskeel (gest. 1345). Auch einige der Statuen stammen aus Riemenschneiders Hand. Bischöfliche Grablege ist auch heute noch die Sepultur in der Verlängerung des südlichen Seitenschiffs. Ihr schließt sich nach Westen der Kreuzgang (15. Jh.) an, wo neben weiteren Grabdenkmälern des 14.-18. Jahrhunderts ein barocker Ziehbrunnen zu sehen ist.

Vom Kiliansplatz zwischen den beiden Kirchen führt die Hofstraße zur „Residenz", dem Dreiflügelbau, den die UNESCO 1982 als „Weltkulturgut" einstufte. Der Frankoniabrunnen verliert sich fast in der Weite des Residenzplatzes, Symbol für den Abstand zwischen Fürst und Bürger. Am Fuß der Brunnensäule sitzen die drei berühmtesten Würzburger: der Minnesänger Walther von der Vogelweide, der Maler Matthias Gothardt Neithardt, bekannt als Matthias Grünewald, und der Bildhauer Tilman Riemenschneider.

Die Schloßführung beginnt am Haupteingang des Mittelbaus, der die bedeutendsten der insgesamt 345 Räume der Anlage birgt, nicht gerechnet die riesigen Weinkeller darunter. Verantwortlicher Architekt des 1720 begonnenen Bauwerks war Balthasar Neumann, dem neben einer ausgewogenen Architektur eine Meisterleistung der Statik gelang. Als Sensation galt damals das freitragende Muldengewölbe von 18x32 m, welches das Treppenhaus überspannt. Besonders in der Bombennacht von

Der ehemalige Hofgarten des barocken Residenzschlosses der Fürstbischöfe mit dem Kaiserpavillon.

Residenz: das prunkvolle Treppenhaus mit den herrlichen Stuckarbeiten und dem berühmten Deckengemälde.

1945 bewies es seine Standfestigkeit, als es als eines der wenigen Gebäudeteile erhalten blieb. Neben Neumann gelang auch dem italienischen Maler Tiepolo hier der Höhepunkt seines Schaffens, als er das Gewölbe mit dem größten Fresko der Welt schmückte und gleichzeitig ein Kunstwerk höchster Güte schuf. Er stellte die damals bekannten 4 Erdteile symbolisch dar, die den Fürstbischöfen in Würzburg - im Mittelpunkt der Welt - huldigen. Ebenso wie hier überstanden Neumanns Gewölbe und Tiepolos Fresko im Kaisersaal die Bombennacht unbeschädigt. Hier stellte der Maler die Hochzeit Friedrich Barbarossas mit Beatrix von Burgund (Würzburg 1156) und die Beleihung des Bischofs mit der Herzogswürde (Reichstag zu Würzburg 1168) dar. Neben diesen Highlights staunt der Besucher über die schier endlose Folge von Paradezimmern in Spätbarock und Rokoko, jeweils in verschiedenen Farben gehalten und meisterhaft stuckiert. Daneben sind beson-

ders der Weiße Saal und der Gartensaal zu nennen, die außergewöhnliche Arbeiten von Antonio Bossi enthalten. Überreich geschmückt ist auch die Hofkirche im Südflügel, deren Gemälde der Seitenaltäre Tiepolo schuf. Sie ist heute die beliebteste Hochzeitskirche Würzburgs, und es ist keine Seltenheit, daß sich hier an Wochenenden mehr als 20 Brautpaare das Ja-Wort geben.
Von der Nordwestecke des Residenzplatzes führt die breite Theaterstraße zum Komplex des Bürgerspitals. Von reichen Würzburgern 1319 gestiftet, wurde es mehrfach umgebaut. Sehenswert ist jedoch der stimmungsvolle Innenhof. Über die Semmelstraße und die Haugerkirchgasse erreichen wir die hochragende Kirche des Stifts Haug, das erst Mitte des 17. Jahrhunderts in den Befestigungsring der Stadt aufgenommen wurde. Die Kirche (1670/71)

Der Grüne Salon, eines der Paradezimmer.

Residenz: Spiegelsaal.

Die barocke Hofkirche ist allwöchentlich Schauplatz ungezählter Trauungen.

mit den 85 m hohen kuppelbekrönten Türmen repräsentiert das italienische Barock. Von der einst reichen Innenausstattung ist lediglich das Gemälde des Hochaltars (16. Jh.) erhalten.
Wir folgen der Haugerpfarrgasse zum Barbarossaplatz, hinter dem breit der mächtige Gebäudekomplex des Juliusspitals lagert. Als Stiftung des Fürstbischofs Julius Echter von Mespelbrunn entstand es 1576, ausgestattet mit einem der größten Weingüter Deutschlands. Während ein Teil der Gebäude heute der Universität als Domizil dient, sind in anderen noch das Spital und ein Altersheim untergebracht. Durch den Fürstenbau erreicht man den romantischen ehemaligen Hofgarten mit dem hübschen Barockbrunnen und dem reizvollen Pavillon (beides um 1710). Wo die Juliuspromenade auf das Mainufer trifft, steht auf einem bastionsartigen Unterbau der Alte Kranen. Der Sohn Balthasar Neumanns, Franz Ignaz, konstruierte die Maschine um 1770. Besonders interessant sind die Treträder des technischen Denkmals, das man noch heute besichtigen kann. Etwa 200 m flußaufwärts markiert die Alte Mainbrücke den Endpunkt unseres Rundgangs.
Von Würzburg aus lohnt ein Ausflug nach Veitshöchheim (8 km, B27), wo die Fürstbischöfe nach Plänen Neumanns ein barockes Sommerschloß erstellen ließen. Dazu gehört einer der reizvollsten Hofgärten Europas, fertiggestellt 1779.

2 Tauberbischofsheim

Trotz aller Romantik an den Mainufern: Die Romantische Straße beginnt zwar in Würzburg am Main, verläßt ihn jedoch mit der Bundesstraße 27 in Richtung Südwesten, um nach 32 km in Tauberbischofsheim erste Station zu machen. Funde beweisen, dass im Taubergrund bereits um 5500 v. Chr. Siedlungen bestanden. Bereits um 730 begann die Christianisierung durch Bonifatius, der in Tauberbischofsheim um 735 das erste Frauenkloster Deutschlands gründete.

Der ländlich-romantische Marktplatz von Tauberbischofsheim mit Rathaus und Fachwerkbauten.

Seine Verwandte, Lioba, war Äbtissin. Beide werden als Stadtheilige verehrt. Von 1237-1803 gehörte die Stadt zum Mainzer Erzbistum, ehe sie 1806 zu Baden gelangte. Noch 1939 hatte sie ganze 3609 Einwohner, doch durch die Ansiedlung von Industrie und 6 Eingemeindungen wuchs sie bis heute auf ca. 13.000 Einwohner an. Als Verwaltungssitz und Wirtschaftszentrum des Main-

i Information

Städtisches Kultur- und Verkehrsamt: *Rathaus, Marktplatz 8, 97941 Tauberbischofsheim, Tel. 09341/803-13 und 19433, Fax 09341/803-89, Internet: http://www.tauberbischofsheim.de, e-mail: Info@tauberbischofsheim.de*

Tourist-Information im Rathaus:

Ostern-Okt. Mo-Do 8-18 Uhr, Fr 8-12 Uhr + 14-18 Uhr, Sa/So + feiertags 10-15 Uhr, Nov. bis März Mo-Do 8-12.30 Uhr + 13.30-16.30 Uhr, Fr 8-12 Uhr

Kurmainzisches Schloß mit Türmersturm, jetzt "Tauberfränkisches Landschaftsmuseum": *Öffnungszeit ab Palmsonntag bis Oktober täglich außer Montag von 14.30-16.30 Uhr, an Sonn- und Feiertagen zusätzlich von 10-12 Uhr.* ***Stadtführungen durch die historische Altstadt:*** *Dauer: ca. 1,5 Stunden. Gebühr für Gruppen bis 40 Personen DM 50,– pauschal*

Tauber-Kreises beherbergt sie die entsprechenden Behörden, ohne ihr Image als „gastliche Stadt im Grünen“ opfern zu müssen.

Berühmt wurde Tauberbischofsheim durch den erfolgreichsten Fechtclub der Welt mit Emil Beck als Trainer und „Medaillenschmied“. Aus seiner Schule erwuchsen das Bundes- und Landesleistungszentrum - mit Teilinternat -, gleichzeitig als Olympiastützpunkt anerkannt. Viele Freunde hat auch der Frankenwein, der hierzulande in die "Bocksbeutel" abgefüllt wird.

Ein Gang durch die Altstadt vermittelt dem Besucher einen bleibenden Eindruck von der geschichtlichen Vergangenheit, deren Zeugen Generationen von Bürgern sorgsam bewahrt haben. Um den Marktplatz gruppieren sich neben dem neugotischen Rathaus (mit Tourist Information) der barocke Rehhof (1702) sowie drei prächtige Fachwerkbauten. Genau gegenüber dem Barockhaus und 100 Jahre älter ist die Alte Post, einst Abfertigungsgebäude der Thurn- und Taxis‘schen Post. Die Sternapotheke am südlichen Ende der Zeile ist mit dem Haus des Wundarztes Franck zusammengebaut. Hier wurde einst der Großvater des Romantikers Clemens von Brentano, der spätere Conferenzrat Franck, geadelter de la Roche, geboren. Interessante Bürgerhäuser sind das Haus Rincker (1628, mit „Neidkopf“ am Giebel) sowie in der östlichen Hauptstraße das Haus Makkert (1744, Barockpalais eines Weinhändlers) und das Lieblerhaus (1628, Holztafeln mit Melusinendarstellungen). Die Liobakirche an der Südostecke des Marktplatzes gehörte bis zu seiner Auflösung 1829 dem Franziskanerkloster. Sie wurde 1735 im Stil des Barock umgebaut.

Folgen wir der Hauptstraße in westlicher Richtung, so gelangen wir zum Faktoreihof des „Hohen Erz- und Domstiftes Mainz“, von dem ein Wappen mit der Jahreszahl 1741 über dem Hoftor

1 - Rathaus; 2 - Alte Post; 3 - Sternapotheke; 4 - Haus Mackert; 5 - St. Liobakirche; 6 - Klosterhof; 7 - Haus Rincker; 8 - Reh-Hof; 9 - Liebler-Haus; 10 - Armenspital; 11 - Sebastianuskapelle; 12 - Katholische Stadtkirche; 13 - Faktoreihof; 14 - Zwinger; 15 - Kurmainzisches Schloß; 16 - Bischemer Kröte; 17 - Rest der Stadtbefestigung; 18 - Maria-Hilf-Kapelle; 19 - Reste der ehemaligen Stadtbefestigung; 20 - St. Peterkapelle; 21 - Kaiserliches Post- und Telegrafenamt; 22 - Sonnenplatzapotheke; 23 - Ev. Stadtkirche; 24 - Polizeidirektion; 25 - Stadttor von 1612; 26 - Findling aus der Gemarkung; 27 - Denkmal für Gefallene

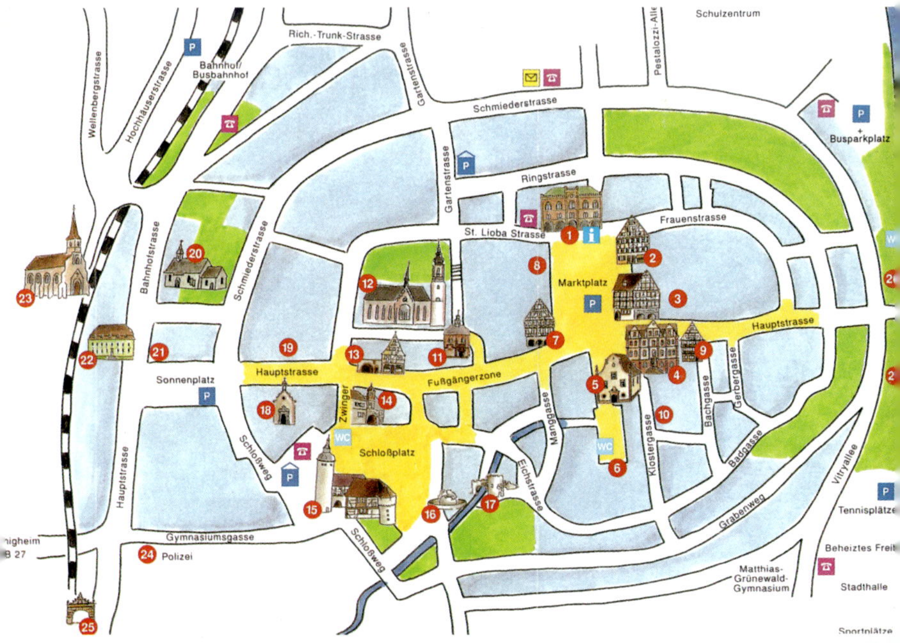

Die katholische Stadtkirche St.-Martin, erbaut 1910, birgt wertvolle alte Kunstschätze.

zeugt. Etwas abseits nördlich finden wir die Sebastianuskapelle, einen 1476 erstellten doppelstöckigen Bau, sowie die neugotische Stadtkirche St. Martin, die in ihrem Innern wertvolle mittelalterliche Kunstwerke enthält. Noch vor der Maria-Hilf-Kapelle (1700) führt uns der „Zwinger" abwärts in Richtung Schloß. Hier steht das reizvolle Geburtshaus eines Abtes, erbaut 1595.

Teile des Kurmainzischen Schlosses entstanden um 1250, die Hauptgebäude um 1400 als Sitz der Amtmänner von Mainz. An sie erinnern zahlreiche Wappen mit dem Rad. Im Innern des Schlosses befindet sich seit 1970 das „Tauberfränkische Landschaftsmuseum". Südlich des Schloßplatzes, der vom imposanten Türmersturm, dem Wahrzeichen der Stadt, beherrscht wird, finden wir letzte Reste der mittelalterlichen Stadtmauer sowie einen Brunnen mit der „Bischemer Kröte", einer Darstellung des Spitznamens der Einwohner.

Immer wieder trifft man auf gepflegte Grünanlagen und zahlreiche Brunnen, weiter in den Außenbezirken auf unge-

Kurmainzisches Schloß mit wappengeschmücktem Erker.

zählte Bildstöcke und Heiligenstatuen hier im Zentrum des sogenannten „Madonnenländchens". Mehr als 200 km markierte Wanderwege führen durch Weinberge und Wälder, das Taubertal und seine Seitentäler bieten sich für Fahrradtouren an. Distelhausen gehört zu den Stadtteilen. Sehenswert sind dort die Barockkirche, die 1731 unter der Aufsicht Balthasar Neumanns entstand sowie die St.-Wolfgangs-Kapelle (1472) am westlichen Tauberufer die jährlich am Pfingstsonntag zum Wallfahrtsort wird. Auch im Stadtteil Dittigheim ist die Barockkirche St. Vitus von Balthasar Neumann (1748) sehr sehenswert.

Von Tauberbischofsheim aus ist ein Abstecher an der Tauber entlang nach Wertheim (30 km) möglich. Hier kann man die Burgruine über dem Main, das Historische Museum sowie das Glasmuseum besichtigen. Unterwegs passieren wir den traditionsreichen Winzerort Reicholzheim und erreichen über einen weiteren Abstecher (6 km) die hübsche Brunnen- und Winzerstadt Külsheim.

Von Tauberbischofsheims südlichem Stadtteil Distelhausen, oben erwähnt, sind es etwa 3 km bis Grünsfeld (Pfarrkirche, Rathaus), weitere 2 km nach Grünsfeldhausen (Achteck-Kapelle, 12. Jh., mit romanischen Fresken).

Das Kurmainzische Schloß (ab 1250) mit dem mächtigen Türmersturm beherbergt heute das Tauberfränkische Landschaftsmuseum.

3 Lauda-Königshofen

Zwischen Tauberbischofsheim und Bad Mergentheim verläuft die Romantische Straße entlang der B 290. Bereits knapp 3 km südlich von Distelhausen zweigt eine Straße nach Gerlachsheim ab, einem Stadtteil von Lauda-Königshofen. Hier sollten wir die ehemalige Prämonstratenserkirche (1723-1770) besichtigen, einen herrlichen Barockbau mit eindrucksvollen Stukkaturen, Altären und Bildfolgen, ihrer üppig verzierten Kanzel im Rokokostil sowie der prachtvollen Orgel (1754). Ein romantisches Fleckchen ist die steinerne Grünbachbrücke mit ihren überlebensgroßen Heiligenfiguren. Zusammen mit dem Kloster und den zahlreichen Bildstöcken dokumentieren sie eindrucksvoll den Namen dieses Landstrichs, „Madonnenländchen“. Hier an der Brücke beginnt auch der Weinlehrpfad, auf dem der Wanderer manches Wissenswerte über die jahrhundertealte Weinbautradition des Gebietes erfährt. Neben dem Wein ist es noch heute der Grünkern, der als einheimische Spezialität - meist in der Suppe - in den zahlreichen einladenden Wirtshäusern dem Gast kredenzt wird.

Hauptort der Kommune ist Lauda, als älteste Hochburg der fränkisch-alemannischen Fasnacht (seit 1545) weithin berühmt. Er besitzt jedoch auch einen sehenswerten Stadtkern, dessen Häuser aus dem 17. und 18. Jahrhundert vielfach eine Madonnenstatue schmückt. Aus dem 16. Jahrhundert stammen das Rathaus und das Weinbauernhaus, heute Heimatmuseum mit Sammlungen aus Weinbaukultur, bäuerlichem Leben, Handwerk, Eisenbahngeschichte und Fasnachtstradition. Reste der Stadtbefestigung wie das Obere Tor und der Pulverturm sowie das Dampflokdenkmal zeugen von der Bedeutung der Stadt in vergangenen Jahrhunderten.

Der Ort liegt im Schnittpunkt des Main-Tauber-Fränkischen Radachters, eines Radwanderwegs, der in Form einer liegenden 8 auf zwei Routen in 11 Etappen das Gebiet zwischen Miltenberg und Würzburg, Buchen und Weikersheim erschließt. Recht gute Bahnverbindungen ermöglichen hierbei eine problemlose Anreise, die natürlich auch dem Wanderfreund zugute kommt, der eine oder mehrere Etappen des europäischen Fernwanderweges 8 - entlang der Tauber nach Wertheim oder Rothenburg o.T. - durchlaufen möchte. Viele weitere Möglichkeiten der Freizeitgestaltung und das sommerliche Ferienpro-

Information

Kultur- und Verkehrsamt, *Marktplatz 1, 97922 Lauda-Königshofen,*
Tel. 09343/5010, Fax 09343/501100
Sehenswürdigkeiten – Museum, Kirchen-, Oberes Tor, Pulverturm, Galerie "Das Auge":
Sonn- und Feiertags von 10-12 Uhr und von 14-18 Uhr bei freiem Eintritt
Heimatmuseum:
April-Okt., Sonn- u. Feiertags von 15-17 Uhr, für Gruppen nach Vereinbarung mit Herrn Hauer, Tel. 09343/4517 oder 501-128

Romantischer Winkel am Rand von Gerlachsheim mit der Grünbachbrücke und ihren Heiligenfiguren sowie den Türmen der Klosterkirche.

gramm trugen dazu bei, daß Lauda-Königshofen das Prädikat einer „familienfreundlichen Stadt" verliehen wurde. Hübsche ehemalige Winzerdörfer sind auch die Stadtteile Oberlauda und Marbach, vor allem aber Beckstein, südlich von Lauda. Mehrfach mit Medaillen ausgezeichnet, präsentiert sich der schmucke Ort gastfreundlich inmitten der Rebhänge, welche die wirtschaftli-

Weinlehrpfad im Winzerort Beckstein.

Radweg „Liebliches Taubertal" bei Königshofen.

che Basis für die Bevölkerung liefern. Bereits 1894 gründeten die Winzer hier an der Wiege der Bocksbeutelflaschen eine der ältesten Weinbaugenossenschaften Deutschlands, die heute das Zentrum der umliegenden Weinorte bildet. Eine Kellerführung mit anschließender Weinprobe im „Weinparadies" oder im gewölbten St.-Kilians-Keller bringen dem Besucher neben den üblichen Qualitätsweinen auch die Spitzenerzeugnisse der Region näher.
Die Natur hat das Gebiet mit seinen Kalkböden auch sonst verschwenderisch ausgestattet. Besonders in den drei weiträumigen Schutzgebieten findet der Naturfreund zahllose seltene Pflanzen der Steppenheide, darunter mehrere Orchideenarten, eine reiche Fauna mit rund 600 Schmetterlingsarten, annähernd 100 Vogelarten sowie zahlreichen wärmeliebenden Reptilien und Amphibien.
Im Stadtteil Königshofen zeugen einige sehenswerte Fachwerkhäuser wie der turmähnliche „Goten" und das „Hohe Haus" vom Bürgerstolz früherer Generationen. Von hier fahren wir 6 km zum nächsten Punkt der Romantischen Straße, zur Kurstadt Bad Mergentheim.

Marienstraße in der Altstadt Lauda.

Abendstimmung im Madonnenländchen: Kirchturm und „Goten" in Königshofen.

4 Bad Mergentheim

Der Ort entwickelte sich aus einer fränkischen Siedlung und wurde 1340 zur Stadt erhoben. Die Erhebung war mit einer Übertragung der alleinigen Herrschaft an den Deutschen Orden verbunden, die dieser relativ umfassend bis 1809 ausübte. 1219 hatten die Brüder Heinrich, Andreas und Friedrich

Bad Mergentheim: ehemaliges Residenzschloß der Hoch- und Deutschmeister (1527-1809).

i Information

Tourist-Information: Städtisches Kultur- und Verkehrsamt,
Marktplatz 3, 97980 Bad Mergentheim, Tel. 07931/57131, Fax 07931/57300, Internet: http://www.bad-mergentheim.de
Sehenswürdigkeiten:
Deutschordensmuseum im Schloß:
Schloß 16, 97980 Bad Mergentheim, Tel. 07931/52212, Fax 07931/52669.
Öffnungszeiten: täglich (außer Montag) 10.00-17.00 Uhr.
Führungen: Donnerstag, Sonn- und Feiertag 15.00 Uhr, jeden 2. und 4. Montag im Monat 19.30 Uhr, Sonderführungen für Gruppen nach Vereinbarung.
Schloßkirche, Münster: *stets geöffnet.*
Wildpark: *9-18 Uhr geöffnet, Kasschenschluß 17 Uhr, über Winter an Samstagen und Sonntagen ab 10.30 Uhr bis Einbruch der Dunkelheit geöffnet.*

***Kapitelsaal:* Kapitelsaal (1782) nach dem Entwurf von F.A. Bagnato im Deutschordensmuseum.**

***Puppenküche:* Kaufladen um 1890 (mit Märklin-Waage) aus der Puppenstubensammlung im Deutschordensmuseum.**

von Hohenlohe dem Kreuzfahrerorden ihren gesamten Besitz in und um Mergentheim vermacht. Im ehemaligen Residenzschloß der Hoch- und Deutschmeister (1527-1809) ist heute das Deutschordensmuseum untergebracht. Ein Rundgang zur Geschichte des Deutschen Ordens schließt einen Gang über die Empore der Schloßkirche (1730-36 Neubau durch Franz Joseph Roth) und durch die prächtige Fürstenwohnung ein. Weitere Abteilungen präsentieren Stadtgeschichte Adelsheim'sche Altertumssammlung und Möbel aus der Region. Besonderer Anziehungspunkt sind die 40 Puppenstuben aus dem 19. und 20. Jahrhundert. Die freitragende Renaissance-Wendeltreppe des Stuttgarter Baumeisters Blasius Berwart führt die Besucher zu den Ausstellungsräumen. Vom Bläserturm erklingen im Sommer regelmäßig Serenaden der Stadtkapelle. Der madonnengeschmückte Pfarrgang führt zum Johanniterhof und zum Spital. Die Johanniter, die lange Zeit in Konkurrenz zum Deutschen Orden um die Vorherrschaft in der Stadt gelegen hatten, erbauten um 1300 das Münster. Es enthält u.a. ein bedeutendes Grabdenkmal des Ordenskomturs Marquardt von Eck (um 1600).
Um den Marktplatz scharen sich schmukke Fachwerkhäuser und Barockpalais sowie das Rathaus (1564). Davor steht der

achteckige Renaissance-Brunnen mit einer Statue des Deutschmeisters Wolfgang Schutzbar, genannt „Michling“, ist nicht nachweislich die Statue, die sich auf dem Brunnen am Marktplatz befindet. Der Hochmeister, der Mergentheim zur Residenz des Deutschen Ordens erhob, war Walter von Cronberg (1527-1543), der Vorgänger des Wolfgang Schutzbar. In der mehrfach umgebauten Marienkirche in der Nähe des Oberen Marktes am Hans-Heinrich-Ehrler-Platz sind noch Wandmalereien aus der Zeit des Kirchenbaus (ab 1300) erhalten, ebenso ein Bronzeepitaph des Hochmeisters Walther von Cronberg, 1539 von Meister Hans Vischer in Nürnberg gefertigt. Auch viele Häuser der stimmungsvollen Altstadtgassen mit ihren Madonnenstatuen, Heiligenfiguren und farbigen Wappen weisen auf die Herrschaft des Ordens hier im „Herrgottsländle“ hin. Ein dafür besonders charakteristischer Ort ist die gotische Wolfgangsbrücke über die Tauber, geschmückt mit einer Statue des Brückenheiligen Nepomuk. Zusammen mit der Kreuzigungsgruppe und der Wolfgangskirche bildet sie ein reizvolles Ensemble und ist gleichzeitig Symbol für diesen Landstrich.

Neben den Zeugnissen ihrer geschichtlichen Vergangenheit bietet Bad Mergentheim seinen Besuchern eine Vielzahl von Unterhaltungsmöglichkeiten wie Theater, Tanz oder Freizeitspaß im modernen Badepark Solymar. All dies gehört zum umfangreichen Programm eines zeitgemäßen Kurbades, zu dem sich Bad Mergentheim seit dem vorigen Jahrhundert entwickelt hat. Dies wurde durch einen Schäfer ermöglicht, der 1826 eine längst verschüttete und in Vergessenheit geratene Bittersalzquelle wiederentdeckte, die heute die Anziehungskraft des Heilbades für Stoffwechselstörungen ausmacht.

Anziehungspunkt für Kurgäste und Erholungssuchende ist auch der Kurpark, des-

Blick über den Marktplatz auf die Zwillingshäuser, auf das Münster St. Johannes und den Milchlingsbrunnen.

Pfarrkirche Stuppach: Madonna (Matthias Grünewald).

sen Wandelhalle sich besonders bei feuchtem Wetter großer Beliebtheit erfreut. Im Sommer fasziniert der gepflegte und ausgedehnte Rosengarten die Parkbesucher. Eines der berühmtesten Bilder des Mittelalters befindet sich in der Seitenkapelle der Pfarrkirche des Ortsteils Stuppach, etwa 7 km von Bad Mergentheim in Richtung Schwäbisch Hall. Die „Stuppacher Madonna" entstand 1519 unter den Händen des Künstlers Mathis Nithardt, heute bekannt unter dem Namen Matthias Grünewald, dem neben Dürer bedeutendsten deutschen Maler. Das spätgotische Marienbild, gefertigt in Kaseinfarben, war fast 300 Jahre im Besitz der Deutschmeister in Bad Mergentheim gewesen, ehe es Pfarrer Blumhofer 1812 aus dem Nachlaß des 1806 aufgelösten Ordens für die Kirche in Stuppach erwarb.

Zurück zum Stadtrand von Bad Mergentheim, führt uns die B 290 in Richtung Süden zum Wildpark, dem artenreichsten Heimattier-Park Europas. Angeschlossen ist ein Heimattier-Museum mit einer umfangreichen Sammlung von Insekten, Schmetterlingen und Vogeleiern. Nach weiteren 3 km auf der B 290 biegt eine Nebenstraße ab nach Markelsheim, dessen Weinbau bereits im Jahre 1096 urkundlich erwähnt ist. Der Winzerort bietet Erholungssuchenden Entspannung in ruhiger Atmosphäre mit Wanderungen auf dem Weinlehrpfad und genußreichen Weinproben. Die östliche Verlängerung der Straße bringt uns über die Tauber auf die Romantische Straße zurück, die uns nach Weikersheim führt.

5 Weikersheim

Hier befand sich über Jahrhunderte die Residenz der einst mächtigen Grafen und Herren, später Fürsten von Hohenlohe. Den sehenswerten Ortskern ließen sie Anfang des 18. Jahrhunderts passend zu ihrem Schloß gestalten. Der Marktplatz wird im Osten von der spätgotischen Pfarrkirche (1419, Grabdenkmäler ab 15. Jh.) abgeschlossen und im Norden und Süden von barocken Amtshäusern flankiert. Daran schließen sich halbkreisförmig die niedrigen Zirkelhäuser an, einst Wohnung für Schloßbedienstete, die in der Mitte den

Schloß Weikersheim, einst Residenz der Fürsten von Hohenlohe, vom Schloßgarten gesehen.

Information: Städtisches Kultur- und Verkehrsamt,
Marktplatz 7, 97990 Weikersheim, Tel. 07934/102-55, Fax 07934/102-58,
e-mail: stadt-weikersheim@t-online.de.
Stadtführung kostenlos, Juli bis Oktober jeden Samstag 17.00 Uhr, Marktplatz, Dauer 1 Stunde.
Schloßmuseum: *Öffnungszeiten 1.4.-31.10. tägl. 9-18 Uhr, Nov.-März tägl. 10-12 Uhr und 13.30-16.30 Uhr, Tel. 07934/8364*
Tauberländer Dorfmuseum:
Ostern bis 1. Nov. 10-12 und 14-17 Uhr außer Montag, Tel. 07934/1209
Forstmuseum auf dem Karlsberg: *April bis 15.11. sonntags 14-17 Uhr, Tel. 07934/1209*

Schloß Weikersheim: Der Rittersaal präsentiert sich noch heute in seiner prunkvollen Ausstattung, die ihn zu seiner Bauzeit berühmt machten.

Zugang zum Schloßkomplex und seinem Haupteingang freilassen. Durch ein Tor (17. Jahrh.) im niedrigen Marstallflügel und die Durchfahrt im Ostflügel schließlich gelangt man in den Schloßhof mit seinem mittelalterlichen Bergfried. Eine Besichtigung wert sind die vollständig erhaltene, kostbare Einrichtung, meist aus dem 18. Jahrhundert, die prächtig stukkierten Wohnräume und besonders der Rittersaal im Südflügel. Er nimmt zwei Stockwerke des Renaissance-Baus (um 1600) ein und galt als einer der größten und schönsten seiner Zeit. Die mächtige Kassettendecke ist mit Ketten im Dachstuhl befestigt und mit lebendigen Jagdszenen bemalt. Wertvolle Gemälde sowie zahlreiche Landschaftsbilder, Ornamente und plastisch hervortretende kapitale Wildtiere zieren die Wände. Noch überwältigender wirken die prachtvollen Stuckaufbauten des Kamins und des Portals - mit dem Relief einer Türkenschlacht - an den Schmalseiten des Festsaals. Teile des Schlosses dienen heute dem Württembergischen Landesmuseum als Zweigstelle. Alljährlich trifft sich hier die Musikalische Jugend Deutschlands e.V. zu Kursen, Konzerten und Opernaufführungen mit internationaler Beteiligung.

Ein Spaziergang im Schloßgarten versetzt den Besucher in die Zeit des Barock zurück mit geometrisch angelegten Beeten und Wegen, einer Orangerie und Heerscharen von Statuen aus der Welt der Antike und des Hoflebens im 18. Jahrhundert. Zwischen dem Halbrund der Säulen beim Gartenabschluß stand einst das vergoldete Reiterstandbild des Grafen Carl Ludwig. Als Kontrapunkt zum höfischen Prunk zeigt das Tauberländer Dorfmuseum die eher bescheidenen Geräte und Einrichtungsgegenstände der einfachen Landbevölkerung. Vermittelnd zwischen beiden steht das Forstmuseum im Schlößchen Karlsberg (1736), das die Entwicklung aufzeigt von der höfischen Jagd aus der Zeit des Barock bis zur modernen Forstwirtschaft der Gegenwart. Zur Anlage gehört ein Hochwild- und Freizeitpark. Daneben bietet die Stadt vieles an Freizeitmöglichkeiten für einen aktiven Urlaub.

Ein Abstecher von 5 km führt in den Stadtteil Laudenbach, der eine sehenswerte gotische Bergkapelle (15 Jh.) besitzt. Sie wurde zwar im 17. Jahrhundert baulich verändert, ist jedoch wegen ihrer qualitätvollen Innenausstattung einen Besuch wert, u.a. wegen des kunstvollen Alabastergrabmals für Feldmarschall Melchior von Hatzfeld (gest. 1658) in der Krypta.

Der Schloßgarten mit seinen geometrisch angelegten Wegen und Beeten sowie zahlreichen Statuen läßt die Zeit des Barock wieder lebendig werden.

Bei Weikersheim erreichen wir erneut die B 19 und fahren weiter nach Röttingen (7 km), der nach Würzburg zweiten bayerischen Stadt, die zur Romantischen Straße gehört. Unterwegs wird das Taubertal merklich enger, und der Weinbau wird allmählich von Naturlandschaften verdrängt. Kurz vor Röttingen überquert in Tauberrettersheim eine hübsche Steinbrücke (1733) von Balthasar Neumann den Fluß.

Blick von der Schloßeinfahrt gegen die spätgotische Pfarrkirche.

Zwei malerische Zirkelhäuser flankieren den Eingang zum Schloß.

6 Röttingen

Der Weinort Röttingen (1800 Einwohner) liegt an der Einmündung des Rippbachs in die Tauber. 1953 zur ersten Europastadt überhaupt gekürt, gefällt Röttingen durch seinen historischen Ortskern mit malerischen Bildstöcken und anmutigen Fachwerkhäusern rund um das von stolzem Bürgersinn zeugende barocke Rathaus. Hier am Marktplatz beginnt und endet der etwa 2 km lange „Sonnenuhrenweg" mit etwa 30 dieser heute ungewöhnlichen Zeitmesser. An längst vergangene Zeiten erinnert auch die romanische Pfarrkirche St Kilian, in deren Innerem noch Grabdenkmäler aus dem 13. Jahrhundert erhalten sind. Die sagenumwobene Burg Brattenstein ist heute renoviert und bildet in der warmen Jahreszeit die Kulisse für das bekannte Freilichttheater. Außerhalb des gut erhaltenen Mauerrings führt der archäologische Wanderpfad vorbei an mehr als 20 Hügelgräbern und den Resten von Viereckschanzen aus der Zeit der Kelten. Vielfältige Freizeiteinrichtungen und hübsche Parkanlagen bieten dem Gast eine hohe Urlaubsqualität in schöner Umgebung inmitten von Wäldern und Weinbergen.

Auf der Weiterfahrt in Richtung Rothenburg biegt in Bieberehren (4 km) eine Nebenstraße nach Aub ab. In Aub-Burgerroth steht bei der romanischen Kunigundenkapelle (13. Jh., barocke Ausstattung) eine tausendjährige Linde. Der Hauptort Aub war einst Handelszentrum an der Straße Nürnberg-Augsburg. Auf Schritt und Tritt begegnen uns hier Zeugen dieser großen Vergangenheit: Teile der Stadtmauer mit ihren Wehrtürmen, das schmucke Rathaus mit dem Pranger (1489) und der barocken Mariensäule (1732), das Jagdschloß der Fürstbischöfe und die katholische Pfarrkirche (13./17. Jh.). Hier lohnt sich eine Innenbesichtigung wegen der spätgotischen Kapitell-Plastiken und vor allem der kunstvollen Kreuzigungsgruppe des Tilman Riemenschneider.

Etwa 2 km südlich liegt Waldmannshofen, ein kleiner Ortsteil von Creglingen. Sein romantisches Wasserschloß (1544) beherbergt heute ein Feuerwehrmuseum. Der „Werkhof" bietet vor allem außerhalb der Saison Wochenend-Töpferkurse für Anfänger und Fortgeschrittene.

Im Creglinger Ortsteil Frauental ist eine interessante Klosterkirche aus dem 13. Jahrhundert zu besichtigen. Entsprechend den strengen Ordensregeln der Zisterzienser, nach denen Nonnen und Laien sich nicht in einem Kirchenraum aufhalten durften, wurde der Bau zweigeschossig angelegt, offen nur gegen den Ostchor. Die frühgotische Unterkirche ist auch wegen ihrer wertvollen Ausstattung sehenswert. Zum Kloster gehörte ebenso der „Fuchshof", in dem heute ein privates Bauernmuseum eingerichtet ist.

Bei Creglingen kommen wir an die Romantische Straße zurück, nachdem wir sie für etwa 20 km für einen Umweg verlassen hatten. Der direkte Weg von Bieberehren ist lediglich 6 km lang.

Information

Verkehrsamt Röttingen,
Marktplatz 1, 97285 Röttingen,
Telefon (09338) 9728 55-57, Fax (09338) 205,
Internet: http://www.roettingen.de, e-mail: roettingen@t-online.de

Röttingen: Marktplatz mit Rathaus ▲

▼ Am Sonnenuhrenweg

▲ Sonnenuhr in der Altstadt

Wehrturm und Kirchturm ▼

7

Creglingen

Trotz der Eingemeindung von 12 Nachbarorten ist die Kommune bis heute unter 5000 Einwohnern geblieben, die sich auf 117 km^2 verteilen. Dafür bietet sie eine Vielzahl von Wander- und Radwandermöglichkeiten zwischen den Stadtteilen und ist zugleich an das Radwegenetz von Würzburg und bis Rothenburg und Wertheim angebunden, das gleichzeitig von Rollstuhlfahrern genutzt wird.
Berühmt wurde der Ort durch das schönste Schnitzwerk Tilman Riemenschneiders, das in der Herrgottskirche - 2 km außerhalb im Herrgottstal - untergebracht ist. Das Gotteshaus ließen die Herren von Hohenlohe-Brauneck 1386-89 erbauen, nachdem der Legende nach ein Bauer an dieser Stelle beim Pflügen eine Hostie gefunden hatte. Um 1500 schmückten es ihre Erbauer mit bedeutenden Kunstwerken aus, darunter auch dem genannten Marienaltar (1510). Nachdem die Kirche 1530 evangelisch geworden war, schloß man den Altar und behängte ihn mit Totenkränzen. Er geriet in Vergessenheit und blieb bis zur Wiedereröffnung 1832 über drei Jahrhunderte unverändert. 11 m hoch erhebt sich das Meisterwerk, dessen Schrein aus rötlichem Kiefernholz gefertigt ist. Die Figuren sind aus hellem Lindenholz und beeindrucken durch den edlen Fluß der Gewandfalten und Haarpracht, die zartgliedrigen Hände und die ergreifenden Gesichter. Weitere bedeutende Meisterwerke in der Herrgottskirche sind das eindrucksvolle Kruzifix. vielleicht von Veit Stoß geschaffen, sowie der Altar im Chor, der aus der Schule des berühmten Veit Stoß stammen soll, und gefällige Bilder vielleicht von Michael Wolgemut, dem Lehrmeister Albrecht Dürers, enthält.
Eine Wallfahrtsstrecke führte von der Herrgottskirche zur etwa 3 km entfernten Ulrichskapelle in Standorf. Ihr Stifter Konrad von Hohenlohe ließ sie im 13. Jahrhundert in spätromanischem Stil in der Form eines regelmäßigen Achtecks errichten.
Einmalig in der Welt ist bisher das Fingerhutmuseum, das gegenüber der Herrgottskirche eröffnet hat. Es zeigt anschaulich Fingerhüte aus aller Welt, vom römischen Reich bis zur Neuzeit.
Auf halbem Weg zwischen Creglingen und Rothenburg (17 km), bei Tauberscheckenbach, haben Wissenschaftler etwa 1,5 km der Wälle einer keltischen Stadt ausgegraben, die hier um die Zeit von Christi Geburt bestand. Die teilweise restaurierte Mauer am Hauptwall bestand aus geschichteten Steinen, die zur Stabilisierung in kürzeren Abständen durch senkrechte Holzpfosten unterbrochen wurden. Der Weiler im Innern der Anlage, Burgstall, ist nach dem Festungswerk benannt. Hier erinnert ein Flachsbrechhüttenmuseum an die arbeitsaufwendige Methode der Flachsverarbeitung zum Leintuch.

Information

Touristikzentrum "Oberes Taubertal",
97993 Creglingen, Telefon 07933/631, Fax 07933/631,
Internet: http://www.creglingen.de, e-mail: info@creglingen.de
Öffnungszeiten: Herrgottskirche: *April bis Oktober, täglich von 9-17 Uhr; Sonstige bitte erfragen unter 07933/508.*
Fingerhutmuseum: *April bis Ende Oktober 9-18 Uhr, Nov. bis März täglich von 13-16 Uhr, Tel. 07933/370.*

▲ Creglingen: Lindleinturm ▲ Oktagon-Kapelle in Standorf ▲ „Kirchenstaffel“

▲ Herrgottskirche: Marienaltar Kunstreiche Fingerhüte ▼ ▼ Selbstbildnis T. Riemenschneider

8 Rothenburg ob der Tauber

Kurz bevor die Straße aus dem Taubertal hinaufsteigt auf die Ebene, auf der das weltberühmte Städtchen Rothenburg liegt, machen wir halt im Stadtteil Detwang. Älter als Rothenburg, ist es bekannt durch seine stimmungsvolle romanische Kirche (um 970, in gotischer Zeit verändert) mit dem herrlichen Kreuzaltar, den Tilman Riemenschneider (1460-1531) anfertigte. Nicht weit davon erhebt sich der Wohnturm „Topplerschlößchen" (1388), einst Sommersitz des berühmtesten Rothenburger Bürgermeisters und heute zu besichtigen.

Über dem Tal aber erhebt sich im Schnittpunkt von Romantischer und Burgenstraße die unvergleichliche Silhouette der ehemaligen Reichsstadt. Vor allem im 30-jährigen Krieg verarmt

Der Marktplatz mit dem Renaissance-Rathaus, links angebaut das gotische Rathaus mit dem schlanken Turm.

Information

Kultur- und Fremdenverkehrsamt, *Marktplatz 2 / Ratsherrntrinkstube, 91541 Rothenburg ob der Tauber, Telefon 09861/404-92, Fax 09861/86807, Internet: http://www.rothenburg.de, e-mail: info@rothenburg.de*
Jakobskirche: *Ostern bis Oktober 9-17.30 Uhr, sonst 10-12 und 14-16 Uhr*
Reichsstadtmuseum: *April bis Okt. 9.30-17.30 Uhr, Nov. bis März 13-16 Uhr.*
Puppen- u. Spielzeugmuseum: *März-Dez. 9.30-18 Uhr, Jan./Feb. 11-17 Uhr.*
Kriminalmuseum: *April bis Okt. 9.30-18 Uhr, Nov. bis Feb. 14-16 Uhr, Weihnachtsmarkt bis 6. Jan. sowie im März 10-16 Uhr.* ***Topplerschlößchen:*** *Fr., Sa. und So. 13.00 – 16.00 Uhr.*
Pfarrkirche Detwang: *Öffnungszeiten siehe Aushang am Kircheneingang.*

und bedeutungslos geworden, blieb das altfränkische Stadtbild des Mittelalters samt der turmbewehrten Befestigungsmauer über Jahrhunderte unversehrt erhalten.
Wer Rothenburg erkunden will, braucht dazu mehr als einen Tag. Für Kurzbesucher empfehlen wir einen Rundgang zu den wichtigsten Sehenswürdigkeiten der Altstadt, der am Marktplatz beginnt und ohne Innenbesichtigungen ca. 2 Stunden dauert. Die Westseite des historischen Platzes bildet der Volutengiebel der Ratsherrntrinkstube (1446) mit einer Sonnenuhr und der Stadtuhr (1683). In den seitlichen Butzenfenstern erscheinen zur vollen Stunde die Hauptfiguren des „Meistertrunks", der nach der Überlieferung im Jahr 1631 die Stadt vor der Zerstörung rettete. Die Südseite bildet das prächtige Rathaus, das seinen Renaissancebau (1572-78, Arkadenanbau 1681) dem Platz zuwendet. An den alten, vom Brand des Jahres 1501 unversehrt gebliebenen Bau erinnert noch heute der gotische Westbau mit dem schlanken Glockenturm, von dem man eine einzigartige Aussicht hat. Die Historiengewölbe mit dem Verließ sind eine Besichtigung wert. Ein unvergleichliches Ensemble bilden an der Turmseite des Rathauses der hübsche St. Georgs- oder Herterichsbrunnen (1608) mit den Fachwerkgiebeln des ehemaligen Fleisch- und Tanzhauses (13. Jh.) und des Jagstheimerhauses (1488), heute Marien-Apotheke. Mit seinem malerischen Erker über einer Heiligenfigur

und seinem stimmungsvollen Innenhof zählt das Gebäude zu den schönsten Patrizierhäusern Rothenburgs.
Durch den Lichthof zwischen den Rathausbauten erreichen wir die gotische Hauptkirche St. Jakob (1311-1484), deren unterschiedlich gestaltete Turmhelme die lange Bauzeit dokumentieren.
An ihrer Nordseite steht der harmonische Renaissancebau des ehemaligen Gymnasiums. Im Innern der reich mit Kunstwerken ausgestatteten Jakobskirche sind zwei Ausstattungstücke besonders bemerkenswert: der farbenprächtige, vergoldete Hauptaltar mit prächtigen Gemäldetafeln von Friedrich Herlin

Jakobskirche: der Heiligblutaltar des berühmten Holzschnitzers Tilman Riemenschneider, im Zentrum die Abendmahls-Szene.

(1466) - darunter eine Darstellung des Rothenburger Marktplatzes aus jener Zeit - sowie der Heiligblutaltar auf der Westempore. Es handelt sich dabei um ein imponierendes Schnitzwerk Riemenschneiders mit einer Darstellung des Abendmahls. Auch der Ludwig-von-Toulouse-Altar stammt vom selben Künstler. Daneben besitzt das Gotteshaus wertvolle Statuen, Epitaphien und Glasgemälde, von denen einige - im Chorabschluß - dem 14. Jahrhundert entstammen.
Unter der Westempore führt die Klingengasse nach Norden. Beim malerischen Feuerleinserker (um 1600) biegen wir links ein und betreten den Hof des ehemaligen Dominikanerinnenklosters (13. Jh.), dessen historische Räume heute das Reichsstadtmuseum beherbergen. Hier blieben neben anderen Wohn-, Schlaf- und Wirtschaftsräumen auch die Kräuter- und die Klosterküche (um 1300) erhalten, heute wohl die älteste Küche Deutschlands, sowie der frühgotische Kreuzgang, der den berühmten Bilderzyklus der „Rothenburger Passion" (1494, Martinus Schwarz) beherbergt. Daneben sind viele Exponate aus dem Alltag der früheren Bürger zu sehen sowie der Kurfürstenhumpen von 1616, der 3¼ l Wein faßt und zur Begrüßung gereicht wurde.
Die Klingengasse führt weiter zum Klingenturm (13. Jh.) mit seiner Bastei (1500), zu der die turmlose St.-Wolfgangs-Kirche gehörte. Sie diente der Landbevölkerung, vor allem den Schäfern, als Gotteshaus, der Stadt jedoch ebenso als Wehrbau. In ihrem Innern sind neben den ansprechenden Altären deshalb auch die Wehranlagen beachtens-

Romantische Partie an der nördlichen Stadtmauer mit dem Klingenturm. In diesem Bereich ist der Wehrgang überdacht und begehbar.

wert: der Aufgang zum äußeren Torturm (heute Schäfertanz-Kabinett), von dort der Wehrgang in der Nordwand mit seiner Verbindung zum angrenzenden Geschützboden und die Kasematten, die unterhalb des Kirchenbodens eingebaut sind. Von der Klingenbastei leitet uns ein Fußweg außerhalb der Stadtmauer über dem Taubertal entlang zum Burggarten, wo einst die Grafenburg (um 1000) und die Reichsburg (12. Jh.) standen, beide 1356 durch ein Erdbeben zerstört. Die Gartenanlage, der Ausblick ins Tal und entlang der Stadtmauer nach Süden sowie die Blasiuskapelle, erbaut um 1400 aus Resten des Palas der Reichsburg, lassen einen Besuch der Anlage dennoch lohnenswert erscheinen. Wir verlassen sie durch das wappengeschmückte Burgtor (14. Jh.) und betreten die Herrngasse, gesäumt von prächtigen Patrizierhäusern mit romantischen Innenhöfen (Nr. 18,15,13,11). Rechts erhebt sich die Franziskanerkirche (um 1300), in der neben dem bemalten Lettner kunstvolle Epitaphien und der Franziskusaltar (Riemenschneider) erhalten sind. Vorbei am schmukken Herrnbrunnen erreichen wir die malerische Hofbronnengasse gegenüber dem Rathaus, wo ein Puppen- und Spielzeugmuseum zu besichtigen ist. Am Beginn der nächsten Parallelstraße, der Schmiedgasse, begrüßt uns die hübsche Renaissance-Fassade des Baumeisterhauses mit einer Darstellung der 7 Tugenden und 7 Laster. Besonders schön ist der Innenhof gestaltet, der heute als Café genutzt wird. Rechts an das Baumeisterhaus schließt sich das Wohnhaus des Bürgermeisters Toppler (um 1400, Giebel 17. Jh.) an.

Blick über das Taubertal auf die Silhouette der alten Reichsstadt mit dem markanten Rathausturm. Vorn die historische Doppelbrücke.

Blick durch die Herrngasse, in früheren Jahrhunderten bevorzugtes Wohngebiet der Patrizier und Pferdemarkt. Vorn der Herrnbrunnen.

In der Schmiedgasse wird die Entwicklung von Rothenburgs Altstadt besonders deutlich. An der Johanniskirche ist noch heute die Türangel des südlichen Stadttors (12. Jh.) zu sehen. Links markiert der „Alte Stadtgraben" den Mauerverlauf. Rechts befindet sich in den Gebäuden des ehemaligen Johanniterordens das reich ausgestattete Mittelalterliche Kriminalmuseum, Deutschlands bedeutendes Rechtskundemuseum. Einige Meter weiter südwärts sehen wir vom Plönlein aus gleich zwei Stadttore, die bei der ersten Stadterweiterung (ab 1204) entstanden: das wehrhafte Kobolzeller Tor mit Bastei an der Talzufahrt - unterhalb überspannt die Doppelbrücke seit 1330 die Tauber - und der Siebersturm am Ende der Schmiedgasse, der bei der 2. Stadterweiterung (14. Jh.) überflüssig wurde und den Eingang zum Spitalviertel bildet.

Ab dem Siebersturm halten wir uns rechts und folgen dem Wehrgang. Nachdem wir die Roßmühle (erb. 1516) und eine Zehntscheuer passiert haben, gelangen wir in den Innenhof des Spitals, in dessen Zentrum das hübsche Hegereiterhaus steht. Von den Gebäuden, die den Hof bilden, sind die Spitalkirche

REICHSSTADTMUSEUM

Rothenburg ob der Tauber

Kloster *Kunst* Kultur

Das Reichsstadtmuseum, ehemals ein Dominikanerinnenkloster, gehört neben dem Rathaus und der Jakobskirche zu den bedeutendsten Baudenkmälern der Stadt Rothenburg. Obwohl das Kloster mit dem Abriß der Kirche 1812 einen herben Verlust erlitt, sind die sonstigen Konventgebäude von höchster kulturhistorischer Bedeutung. Heute sind die städtischen Sammlungen dort zu sehen, die mit der „Rothenburger Passion“, den Skulpturen der Jakobskirche, dem „Meistertrunkhumpen“ und einer bedeutenden Judaika-Abteilung einen hohen Rang unter Frankens Museen einnehmen. Die Sammlung Baumann, die hochwertige Waffen, Fayencen und Zinn zeigt, steigert die Bedeutung noch. Die Klosterküche aus dem 13. Jahrhundert, Möbel und Hausrat runden die umfangreichen kulturhistorischen Sammlungen ab. Öffnungszeiten: Apr. - Okt.: 10-17 Uhr, Nov. - März: 13-16 Uhr. Informationen: Klosterhof 5, 91541 Rothenburg; Tel.: 09861/939043; Fax:935206.

1000 Jahre Rechtsgeschichte unter einem Dach

Das bedeutendste Rechtskundemuseum der Bundesrepublik gibt einen umfassenden Einblick in das Rechtsgeschehen, die Gesetze und Strafen der vergangenen 1000 Jahre. Dargestellt wird die Entwicklung der Gesetzgebung bis zum 19. Jahrhundert. Der Ablauf des mittelalterlichen Strafprozesses, Instrumente der Folter und Geräte zum Vollzug der Leibes- und Lebensstrafen werden gezeigt, ebenso für die Betrachter teilweise erheiternden Geräte zum Vollzug der Ehrenstrafen, die Halsgeigen für zänkische Frauen, Schandmasken oder Pranger. Untrennbar vom Recht sind Urkunden und die zu ihrer Rechtswirksamkeit notwendigen Siegel. Zahlreiche Urkunden zeigen, welche Mühe man zu ihrer Gestaltung aufwandte. Breiten Raum nehmen die Kupferstiche und Holzschnitte von aufsehenerregenden Kriminalfällen ein. Die Polizeiordnungen zeigen, wie durch Kleider-, Hochzeit- oder Taufordnungen bis in den privatesten Bereich hinein regiert wurde. Zu erwähnen sind Münzen und Medaillen zur Erinnerung an Gesetzgebung oder berühmte Rechtsfälle, die Rechtssymbolik, Redensarten unserer Umgangssprache, die ihren Ursprung im Recht haben, und die Karikaturen über Justiz und Verwaltung.

Öffnungszeiten: Apr. - Okt.: 9.30 - 18.00 Uhr, Nov., Jan., Feb.: 14 - 16 Uhr, Dez., März: 10 - 16 Uhr. Info: Burggasse 3-5, 91541 Rothenburg o.d.T., Tel. 09861/5359; Fax 09861/8258; Internet: http.//www./Info@KriminalmuseumRothenburg.de; AOL: Krimmus@aol.com

Berühmter Malerblick am „Plönlein" mit dem Siebersturm (links) und dem Kobolzeller Tor, das mit seiner wehrhaften Bastei die Auffahrt vom Taubertal sicherte.

Gerlachschmiede mit Wehrmauer und Rödertor.

(Plastiken und Epitaphien 14./15. Jh.), der Spitalturm (1574-78) mit wertvoller Ausstattung, der niedrige Fachwerkbau mit Keller-, Back-, Brunnen- und Pesthaus sowie die Zehntscheuer - heute Reichsstadthalle - mit dem romantischen Stöberleinsturm herauszuheben.

Wir verlassen den Hof hinauf zur Spitalgasse, die im Süden von Rothenburgs jüngstem (1537-42 u. 1586) und wehrhaftestem Bollwerk abgeschlossen wird, der Spitalbastei. Hier ersteigen wir den Wehrgang, dem wir in Richtung Norden und - am Ende des Spitalviertels - nach Osten folgen. Unter den interessanten schmalen Häusern zu unseren Füßen gefällt besonders die Gerlachschmiede kurz vor dem Rödertor, wo wir die Bastei besichtigen. Auf unserem Weg, der uns nun wieder zum

Stadtzentrum führt, werfen wir einen Blick auf ein besonders malerisches Ensemble der Altstadt: den Röderbogen (mit Dachreiter) mit dem mächtigen Markusturm, flankiert von prächtigen Bürgerhäusern und im Vordergrund den schmucken Röderbrunnen. Wer noch Appetit hat auf ein Museum, dem sei das Alt-Rothenburger Handwerkerhaus im Alten Stadtgraben, kurz vor dem Röderbogen abbiegend, empfohlen. Es blieb seit seiner Bauzeit (13. Jh.) weitgehend unverändert, und seine Wohnräume und Werkstätten sind im Stil vergangener Jahrhunderte eingerichtet. Hinter dem Röderbogen lehnt sich rechts das Büttelhaus, einst Stadtgefängnis, an den Markusturm an. Geradeaus kommen wir auf kürzestem Weg zum Marktplatz zurück. Biegen wir hier nach rechts ab, so erreichen wir über den Milchmarkt und den Kapellenplatz den Weißen Turm mit dem "Judentanzhaus". Besonders von der Galgengasse her bietet das Gebäude mit seinem hübschen Fachwerkerker einen schönen Anblick. Auch der Weiße Turm erfüllte seine Aufgabe als Stadttor nur wenige Jahre, ehe er durch das Galgentor an der heutigen Stadtmauer ersetzt wurde. Über die Georgengasse kommen wir am Marktplatz zum Ausgangspunkt unseres Rundgangs zurück. Neben den zahlreichen Sehenswürdigkeiten locken ab Ostern die Aufführungen des Schäfertanzes und der Hans-Sachs-Spiele, ab Pfingsten die des berühmten „Meistertrunks“ und im September die Reichsstadtfesttage zahlreiche Gäste in die Stadt.

Die Georgengasse mit dem Weißen Turm.

Historisches Festspiel "Der Meistertrunk": Der Kellermeister reicht Tilly den Pokal mit dem Begrüßungstrunk.

9 Schillingsfürst

Von Rothenburg aus halten wir uns zunächst an die Bundesstraße 25. Nach 10 km biegen wir in Insingen links ab, um nach weiteren 7 km das Residenzstädtchen Schillingsfürst zu erreichen. Überragt wird es vom mächtigen Barockschloß der Fürsten von Hohenlohe-Schillingsfürst. 365 Fenster spenden den 70 Räumen Licht. Reiches Stuckwerk, kunstvolle Deckengemälde und Gobelins, auserlesene Möbel, feines Porzellan und kostbare Bilder erwecken die Geschichte des 18. und 19. Jahrhunderts zu neuem Leben. Das Arbeitszimmer des Reichskanzlers Chlodwig enthält noch die Originaleinrichtung aus der Zeit um 1900. Das Schloß zeigt seinen Besuchern ein Museum mit kostbarem Interieur und liebenswerten Details.
An dieser exponierten Stelle hatte es bereits um das Jahr 1000 eine mächtige Burg gegeben, die mehrmals zerstört wurde. Zwischen 1723 und 1750 entstand der heutige Komplex als Resi-

Schillingsfürst: Stadt und Schloß auf der Frankenhöhe, die hier die mitteleuropäische Wasserscheide Rhein-Donau bildet.

Information

Verkehrsamt der Stadt Schillingsfürst, *Anton-Roth-Weg 9, 91583 Schillingsfürst, Tel. 09868/800, Fax 09868/986233, Internet: http://www.schillingsfuerst.de, e-mail: howo@rothenburg.netsurf.de*
Bayer. Jagdfalkenhof und Schloßmuseum:
Öffnungszeiten: ganzjährig, vom 1. März bis 31. Oktober.
Schloßführung: 10.15 + 12.00 Uhr + 14 + 16 Uhr, Flugvorführungen 11 + 15 Uhr, Mai-Sept. auch um 17 Uhr, die übrigen Monate nach Vereinbarung.
Telefon 09868/6941.
Brunnenhausmuseum: *Führung nach vorheriger Anmeldung, Tel. 09868/800.*

Schloß Schillingsfürst: Roter Salon

Gobelinsalon

denzschloß des Hohenloher Fürstenhauses. Von hier oben hat man einen herrlichen Rundblick über die Frankenhöhe, die Hohenloher Ebene und den Ort. Hier hat der Bayerische Jagdfalkenhof seinen Sitz. Die zahlreichen dressierten Greifvögel bekommen bei schönem Wetter auch den nötigen Aufwind für ihr tägliches Flugtraining und Schaufliegen. Majestätisch kreisende Adler, die auf Handzeichen im Sturzflug herabstoßen, sind ein Erlebnis; ebenso wie der rasante Flug der Falken oder die Lieblinge der Kinder, die immer zu Späßen aufgelegten Geier.

Vom Schloß abwärts führt die Straße zu einem Wasserturm im „Leuchtturmstil". Wir folgen dort dem Hinweisschild „Brunnenhausmuseum" und erreichen nach 1 km ein einsames Haus, überragt von einem Wasserturm. Einmalig ist die Art der Pumpanlage im Brunnenhaus, die „Ochsentretanlage" der fürstlichen Wasserversorgung aus dem Anfang des 18. Jahrhunderts. Dabei wurde die schräg montierte hölzerne Drehscheibe durch die Gehbewegungen des Tieres bewegt und beförderte das Wasser über eine Pumpvorrichtung in den Turmbehälter. Von dort floß es durch hölzerne Rohrleitungen, „Deicheln", zum Schloß. Sehenswert ist auch das angrenzende Heimatmuseum mit seiner interessanten bäuerlichen Sammlung.

Bei Oberwörnitz (5 km) erreichen wir erneut die Bundesstraße 25 und nach weiteren 13 km die Stadt Feuchtwangen.

Flugvorführungen mit Greifvögeln erinnern an herrschaftliche Jagdmethoden im Mittelalter.

10 Feuchtwangen

Die Siedlung entstand einst um ein im 8. Jahrhundert gegründetes Benediktinerkloster. Sie war seit dem 12. Jahrhundert bis 1376 freie Reichsstadt, als sie an die Markgrafschaft Brandenburg-Ansbach fiel. Seit 1806 gehört die Stadt mit nunmehr gut 10.000 Einwohnern zu Bayern.

In seltener Harmonie und Geschlossenheit präsentiert sich der Marktplatz, den man deshalb auch als „Frankens Festsaal" be-

Feuchtwangen: Blick über den Marktplatz mit Barockbrunnen und ehemaligem Rathaus, im Hintergrund die gotische Stiftskirche.

zeichnet. Stolze Bürgerhäuser, heute meist im Dienst der Gastronomie, und das prächtige Alte Rathaus säumen den langgezogenen Platz. Seinen nördlichen Abschluß bildet die gotische Stiftskirche (13./14. Jh.), Nachfolgebau der romanischen Klosterkirche St. Salvator. Sie hatte ursprünglich zum bereits erwähnten Benediktinerkloster gehört, das jedoch um 1150 in ein Chorherrenstift umgewandelt worden war. Seit

Information

Kultur- und Verkehrsamt, *Marktplatz 1,*
91555 Feuchtwangen, Telefon 09852/90444, Telefax 09852/904260
Fränkisches Museum und Sängermuseum:
Öffnungszeiten: März bis November 10-12 Uhr und 14-17 Uhr, Montags und Dienstags geschlossen, Gruppen auch außerhalb der Öffnungszeiten nach Vereinbarung. Telefon 09852/4833.
Handwerkerstuben: *Auf Anfrage (Telefon 09852/90444).*
Kirchen: *Auf Anfrage (Telefon 09852/90444).*

Feuchtwangen: Szene der Kreuzgangspiele (im Hintergrund der romanische Kreuzgang des ehemaligen Benediktinerklosters).

1623 dient die Stiftskirche als Feuchtwangens evangelisch-lutherische Hauptkirche. In ihrem Innern verdienen der Hochaltar, gemalt 1483 von Dürers Lehrmeister Michael Wolgemut aus Nürnberg, die Schnitzereien des Chorgestühls (um 1500) sowie das Grabmal des Stiftsherrn Lucas Freyer (1523) besondere Beachtung.

Südlich an die Stiftskirche schließt sich der spätromanische Kreuzgang an, der noch aus der Zeit des Benediktinerklosters stammt. Im Obergeschoß über dem Westflügel sind in den „Handwerkerstuben" sechs Originalwerkstätten - Zuckerbäcker, Färber, Zinngießer, Hafner, Schuster und Weber - eingerichtet. Alljährlich in den Sommermonaten finden im Innenhof die bekannten Kreuzgangspiele als Freilichttheater statt. Parallel zur Stiftskirche erhebt sich an ihrer Rückseite die Pfarrkirche St. Johannis, die aus einer Taufkapelle des einstigen Königshofs hervorgegangen ist. Um 1400 entstand der heutige Bau. Dahinter, parallel zu den beiden großen Gotteshäusern, stand ursprünglich die auf dem Gottesacker errichtete Kapelle St. Peter und Paul (1333/34), welche die Stadt 1565 in einen Getreidespeicher umbaute. Sie dient heute als geräumige Stadthalle.

Wir begeben uns zum Marktplatz zurück. Den barocken Röhrenbrunnen (1727) an seiner Südseite zieren neben der Figur auf der Brunnensäule farbige Wappentafeln. Gleich beim Brunnen beginnt die romantische Museumsgasse mit ihren historischen oder stilechten Giebelhäusern. Fast am Ende der Straße weisen eine hölzerne Pumpanlage und ein steinerner Geldzähltisch auf das Fränkische Museum hin, das in einem Bau von 1789 untergebracht ist. Innen sind bürgerliche Stubeneinrichtungen aus den Stilrichtungen von Barock bis Jugendstil zu besichtigen, besonders aber eine qualitätvolle Sammlung von Fayencen. Der neuzeitliche Anbau des Museums steht auf dem Platz einer Synagoge von 1833, die 1938 dem Rassenwahn zum Opfer fiel. Dem mittelalterlichen Minnesänger Walther von der Vogelweide (um 1200) und seiner Lyrik ist der Brunnen gegenüber gewidmet, der Geschichte des fränkischen Sängerbundes das nahe Fränkische Sängermuseum (seit 1989).

Über die B 25, hier gleichzeitig „Romantische" und „Frankenweinstraße", erreichen wir nach 12 km das Städtchen Dinkelsbühl.

11

Dinkelsbühl

Die ursprüngliche Ansiedlung entstand aus einem fränkischen Königshof und wurde bereits vor der Jahrtausendwende zur Sicherung der sich hier kreuzenden Handelswege Ostsee-Italien und Worms-Prag befestigt.

An dieser Kreuzung erhebt sich das spätgotische Münster St. Georg (1448-99), bei der das Mißverhältnis zwischen dem mächtigen Langhaus einerseits und dem trotz seiner 62 m Höhe recht niedrig wirkenden Turm andererseits ins Auge fällt.

Dinkelsbühl: Blick auf den Westturm des Münsters St. Georg und die angrenzende Häuserzeile auf dem Weinmarkt.

Information

Tourist-Information, *Marktplatz,*
91550 Dinkelsbühl, Telefon 09851/90240, Fax 09851/90279,
Internet: http://www.dinkelsbuehl.de, e-mail: tourismus@dinkelsbuehl.btl.de
Öffnungszeiten:
Münster St. Georg: *täglich 9-12 Uhr und 14-18 Uhr*
Historisches Museum: *März-Nov. 9.00-12 Uhr und 13-17 Uhr, außer Montag; Dez.-Feb. 10-12 Uhr und 14-16 Uhr, außer Montag*
Museum 3. Dimension: *April bis Okt., tägl. 10-18 Uhr; Nov., Dez., Jan. Febr., März samstags, sonntags 11-16 Uhr; 26. Dez. bis 6. Jan., tägl. 11-16 Uhr*

Das kommt daher, daß der heutige Turm um 1225 für die kleinere romanische Vorgängerkirche gebaut worden war, vom geplanten gotischen Kirchturm an der Nordflanke jedoch aus wirtschaftlichen Gründen lediglich das Erdgeschoß aufgeführt wurde, das als Sakristei dient. Dafür entstand das Langhaus unter den Kirchenbaumeistern Nikolaus Eseler, Vater und Sohn, in nur 51 Jahren Bauzeit „aus einem Guß“, so daß St. Georg heute als schönste Hallenkirche Süddeutschlands gilt.
Wie die Außenwand ist auch der Innenraum harmonisch und abwechslungsreich gestaltet. Die sechs Seitenaltäre stammen aus der Zeit der Fertigstellung der Kirche oder es wurden, wie beim Hochaltar, Schreintafeln und Figuren aus dieser Zeit in einem neugotischen Gehäuse zusammengefaßt. Bemerkenswert ist auch das 12 m hohe steinerne Sakramentshaus, in dem noch heute - wie sonst wohl nirgends in Deutschland - das Allerheiligste aufbewahrt wird. Kurz nach 1500 entstand als bedeutendstes Grabdenkmal das

Mittelschiff und Chor des spätgotischen Münsters St. Georg.

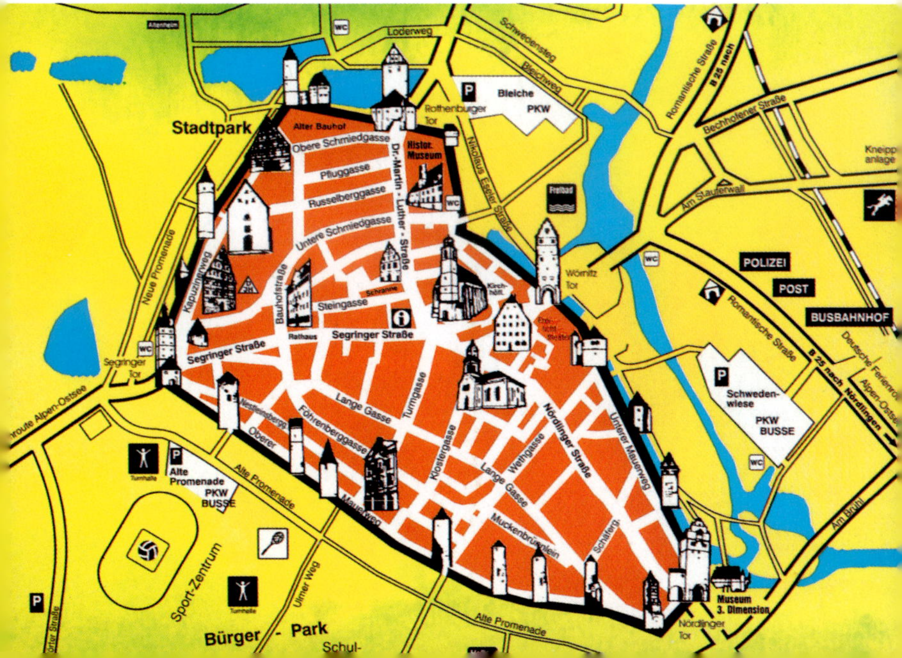

dreiteilige Huster-Epitaph mit einer Darstellung der vielköpfigen Familie in der Predella. Als ältestes Kunstwerk aber gilt ein Vesperbild (14. Jh., unter der Empore) mit der klagenden Maria, die einen kindhaft kleinen Christus auf dem Arm hält.
Ein Denkmal vor der Südseite der Kirche ist dem Dinkelsbühler Theologen und Jugendschriftsteller Christoph von Schmid gewidmet, den der Text des Weihnachtsliedes „Ihr Kinderlein, kommet" unsterblich gemacht hat. Gegenüber dem romanischen Turmportal beginnt die Segringer Straße. Auf ihrer linken Seite fällt das Hezelhaus mit seiner schmucken Fachwerkfassade und dem vorspringenden Giebel ins Auge. Besondere Beachtung verdient dabei der verträumte Innenhof, der den Besucher in die Zeit des Mittelalters zurückversetzt. Rechts der Segringer Straße beginnt mit der türmchenbekrönten Ratstrinkstube (um 1600) eine besonders harmonische Häuserreihe,

▲ *Stolz präsentiert das „Deutsche Haus" seinen prächtigen Fachwerkgiebel.*

◀ *Romantischer Innenhof am Hezelhaus.*

Herbst am verträumten Gaulweiher.

aus welcher der reichverzierte Fachwerkbau „Deutsches Haus“ und die wuchtige Giebelfront der Schranne herausragen. Dort beginnt die Dr.-Martin-Luther-Straße, die zum Rothenburger Tor führt. Kurz davor liegt rechts der Spitalkomplex (gestiftet 1280, heutige Gebäude 15./16. Jh.), heute u.a. Altersheim und Historisches Museum. Chor und Sakristei der Spitalkirche stammen noch aus dem 14. Jahrhundert.

Ein besonders malerischer Blick auf das wappengeschmückte Rothenburger Tor (um 1390) mit seinem Vorwerk ergibt sich von der Außenseite über den Gaulweiher hinweg. Wir empfehlen daher, den Rundgang nun links außerhalb der Stadtmauer fortzusetzen. Am Ende des Weihers präsentiert sich der runde Faulturm mit einem romantischen Vorwerkhäuschen. Die Weiher um die Stadt beherbergen übrigens Dinkelsbühls Spezialität, die Karpfen, was den Bewohnern schon früh den Spitznamen „Blausieder“ einbrachte.

Die Promenade durch den gepflegten Park führt vorbei am mächtigen Grünen Turm zum Segringer Tor und weiter, vorbei an nicht weniger als acht Wehrtürmen, zum Nördlinger Tor. Bevor wir hier das Gebiet der Altstadt wieder betreten, halten wir uns außerhalb

▲ *Dinkelsbühler Knabenkapelle.*
Festspiel „Die Kinderzeche Stadübergabe". ▶

◀ *Mädchen mit der Kinderzech'-Gucke.*
Schwedenlager. ▼

der Mauern noch etwas östlich, um über die Wörnitz einen Blick auf diese Seite der Befestigungsanlage zu werfen. Besonders gefällt dabei der romantische Bäuerlinsturm mit Fachwerkoberbau und Walmdach vor dem Hintergrund des Münsters St. Georg und den Altstadtdächern. Ebenso wehrhaft wie die Mauer präsentiert sich die massige Stadtmühle neben dem Nördlinger Tor. Sie entstand, nachdem Kaiser Karl IV. 1378 der Stadt das Privileg zum Betrieb zweier Mühlstätten verliehen hatte. Da sie außerhalb der Stadtmauer lag, ließ man sie mit Wehrgang und Schießscharten bis über die Radstatt und wehrhaften Rundtürmchen ausstatten. Lediglich der frühbarocke Giebel zur Straße hin entstand erst um 1600. Hier befindet sich das Museum 3. Dimension.

Durch das Nördlinger Tor (14. Jh., Staffelgiebel um 1600) betreten wir wieder das Stadtinnere. Kurz bevor wir die Hauptkirche erreichen, begegnen uns ein barocker Brunnen und die evangelische St.-Pauls-Kirche (1840), Nachfolgebau der Karmeliterkirche. Von der Klostergasse aus können wir den Innen-

hof des um 1290 gegründeten Klosters besichtigen. Rundbogige Arkaden schützen wertvolle alte Grabtafeln aus dem 16. Jahrhundert vor Witterungseinflüssen. Zwei Darstellungen erinnern an den Dinkelbauern, welcher der Legende nach einst die Siedlung gegründet hat.
An der Nördlinger Straße mündet die Klostergasse in den Ledermarkt mit seinen historischen Giebelhäusern. Er wird beherrscht vom massigen Bau des Alten Rathauses. Bereits 1361 als Bürgerhaus entstanden, erstand es die Stadt im 16. Jahrhundert und nutzte es nach der notwendigen Erweiterung bis 1855 für ihr Stadtparlament. Heute ist hier der Fundus für das historische Festspiel die „Kinderzeche" untergebracht, eines der ältesten und berühmtesten in Deutschland. Es wird seit 1897 alljährlich im Juli aufgeführt und beinhaltet die sagenhafte Rettung der Stadt 1632 durch das Flehen der „Kinderlore" und ihrer Schar. Beachtenswert ist die Eingangshalle.

Mühlgraben und Stadtmauer mit Bäuerlinsturm.

des Alten Rathauses mit ihrer schweren Holzbalkendecke und der Wendeltreppe (1548).
Zentrum des Altrathausplatzes ist der Löwenbrunnen (16. Jh.), dessen Hauptfigur eine Wappentafel trägt, Gepflegte Giebelhäuser sowie das Wörnitztor bilden einen malerischen Hintergrund für den Brunnen wie für das genannte Festspiel, dessen zweiter Teil, die Stadtübergabe, jeweils hier aufgeführt wird.
Auf dem Weg entlang der B 25 nach Wallerstein (13 km) ist nach ca. 8 km ein Abstecher über Fremdingen und Hochaltingen (Kirche Mariä Himmelfahrt) nach Oettingen möglich, eine barocke Residenzstadt mit sehenswertem Schloß und Rathaus (1431). Vor der Rückkehr zur Romantischen Straße empfiehlt sich ein Besuch des ehemaligen Minoritenklosters in Maihingen.

12

Wallerstein

Mitten auf der breiten Hauptverkehrsstraße des Marktfleckens (3200 Einwohner) grüßt schon von weitem, gleich hinter der Pfarrkirche (1613), die schlanke Dreifaltigkeits- oder Pestsäule. Aus einem Sockel mit lateinischen Inschriften wächst der Obelisk zwischen den Gestalten der Pestheiligen Rochus, Sebastian und Antonius von Padua empor zum goldenen Strahlenkranz, der zusammen mit Engeln und Wolken den christlichen Himmel symbolisiert. An der Spitze thronen Gottvater und Christus, zusammen mit dem Heiligen Geist die Dreiheit bildend. Unter ihnen steht die Muttergottes, Fürbitterin der Bedrängten, die zur Königin des Himmels gekrönt wird. Die Säule entstand in den Jahren 1720-25.

Links dahinter führt eine Straße hinauf zum Alten Schloß, dessen bis heute erhaltene Gebäude sich um einen schroffen Felsen inmitten eines kleinen Parks gruppieren. Links hinter dem repräsentativen Torbau (1582) ist ein Verwaltungsgebäude in den äußeren Ring der Wirtschaftsgebäude eingeschlossen. Wegen des herrlichen Rundblicks lohnt noch heute der Aufstieg zum zentralen Felsen. Die mittelalterliche Burg der Staufer (1188) gelangte 1261 an die Grafen von Oettingen und wurde von den Schweden im 30jährigen Krieg 1648 eingenommen und zerstört. An ihrer Stelle entstanden weiter unten im Ort am Rande des Hofgartens schlichte neue Gebäude, die Anfang des 19. Jahrhunderts zu einer Dreiflügelanlage zusammengebaut wurden. In den Galeriebau ist die St.-Anna-Kapelle (1508) einbezogen, die neben bemerkenswerten Heiligenfiguren ein kunstvolles Holzrelief der Heiligen Sippe birgt. Im linken Seitenflügel ist ein Museum mit einer sehenswerten Porzellansammlung untergebracht.

Ein Durchgang im Galeriebau führt in den weitläufigen Park. Linker Hand fällt sofort der mächtige dreistufige Bau der fürstlichen Reitschule (1741-51) auf: niedere Stallungen, dreistöckige Wohngebäude und ein hohes Walmdach über dem Mitteltrakt, unter dem sich das Oval der Reitbahn befindet (Kutschenmuseum). Die Dreiflügelanlage am entfernten Ende des Parks, das Moritzschlößchen, diente zeitweise als Witwensitz. Es entstand ebenso um 1800 wie viele Gebäude im Ort, z.B. in der Sperlingsstraße, die an ihren französisch anmutenden Walmdächern zu erkennen sind. Noch repräsentativer als die eingeschossigen Häuser der Bediensteten waren die zweigeschossigen Beamtenhäuser, die ebenso dem Residenzort zu größerem Ansehen verhalfen wie das ähnlich konzipierte Maria-Ward-Institut. 1806 verlor das Fürstentum Oettingen-Wallerstein seine Selbständigkeit und wurde Bayern angegliedert.

Die B 25 führt nach nur 6 km in die historische Stadt Nördlingen. Etwa die sechsfache Strecke bedeutet ein lohnender Umweg über Schloß Baldern (Burg 11. Jh., seit 1280 in Besitz der Grafen und Fürsten zu Oettingen, umfangreiche Waffensammlung und sehenswerte Schauräume im Stil des Barock) und Bopfingen (Rathaus von 1586 mit Pranger, Herlin-Altar).

i Information

Tourist-Information: Markt Wallerstein, *Weinstraße 19, 86757 Wallerstein,*
Telefon 09081/27600, Telefax 09081/276020
Neues Schloß:
Führungen vom 16. März bis 31. Oktober täglich von 10-17 Uhr (Okt. 10-16 Uhr).
Montag geschlossen.
Fürst Wallerstein, *Schlösser & Museen, Berg 78, 86757 Wallerstein,*
Internet: http://www.fuerst wallerstein.de, e-mail: schloesser@fuerst wallerstein.de

Wallerstein: Schloßpark mit St.-Anna-Kapelle. ▲

◀ *Im Park des Neuen Schlosses.*

Roter Salon mit Gemälden Johann Jakob Mettenleiters (1750-1825) ▼

▲ *Speisezimmer mit Exponaten namhafter Porzellanmanufakturen.*

Pestsäule und Pfarrkirche in Wallerstein.

13

Nördlingen

Bereits in römischer und alamannischer Zeit war das heutige Stadtgebiet besiedelt. Im Jahr 898 ist der karolingische Königshof „Nordilinga“ bezeugt, 1219 die 10 Tage dauernde Pfingstmesse, eine die bedeutendste Fernhandelsmessen Oberdeutschlands. Durch sie gelangte die Stadt zu einigem Wohlstand und zu politischer Bedeutung. Die Freie Reichsstadt (seit 1215) konnte es sich im 14. Jahrhundert leisten, die Wehrmauer beträchtlich zu erweitern, um die inzwischen gewachsenen Vorstädte einzubeziehen. Im Verlauf des 30-jährigen Kriegs verlor die Stadt sowohl die Hälfte ihrer Bevölkerung als

Wie mit dem Zirkel gezogen präsentiert sich die Wehrmauer der Nördlinger Altstadt, im Mittelpunkt die St.-Georgs-Kirche.

Information

Verkehrsamt der Stadt Nördlingen, *Marktplatz 2, 86720 Nördlingen im Ries, Telefon 09081/4380 oder 84116, Fax 09081/84113,*
Internet: http://www.noerdlingen.de, e-mail: stadt.noerdlingen@t-online.de
Rieskrater-Museum: *geöffnet von 10-12 Uhr und von 13.30-16.30 Uhr. Montags geschlossen. Telefon 09081/273822-0, Fax 273822-20.*
Stadtmuseum: *geöffnet von Ostermontag bis Mitte Oktober von 13.30-16.30 Uhr. Montags geschlossen. Gruppen vormittags auf anfrage. Tel. 09081/273823-0.*
Stadtmauermuseum: *geöffnet von 1. April - 31. Okt. 10.00-16.30 Uhr durchgehend. Telefon 09081/9180.*
St. Georgskirche: *geöffnet von Ostersamstag bis 31. Oktober täglich von 9.30-12.30 Uhr und von 14-17 Uhr; vom 1. November bis Gründonnerstag von 11.30-12 Uhr. Montags geschlossen. Telefon 09081/4035.*
Thiemig-Galerie: *Nur mit Führung nach Voranmeldung im Stadtmuseum, Tel. 09081/84-120.*

schaftskraft und Bedeutung. Erst 1939 erreichte die Einwohnerzahl wieder die Höhe von 1618, knapp 9000. So gab es danach im Laufe von 3 Jahrhunderten kaum bauliche Veränderungen. Der Mauerring samt seinen wehrhaften Türmen ist bis heute geschlossen erhalten und trägt zusammen mit zahlreichen anderen historischen Bauwerken dazu bei, Nördlingen zu einem Anziehungspunkt für Besucher aus aller Welt zu machen. Neben einem Rundgang zu den wichtigsten Sehenswürdigkeiten, wie wir ihn hier aufzeigen, ist ein Spaziergang außen um die Stadtbefestigung ein Genuß für jeden Freund mittelalterlicher Baukunst.

Ausgangspunkt für den Besichtigungsgang durch die Altstadt ist der Marktplatz mit dem Tanzhaus und dem Hohen Haus (beide 15. Jh.), einem neunstöckigen Wohnturm. Das Tanzhaus besitzt einen prächtigen Fachwerkgiebel, dessen drei Stockwerke jeweils weit vorragen. Es diente hauptsächlich als Verkaufsplatz der Tuchhändler zu Messezeiten. Ein Standbild des Kaisers Maximilian I., eines Gönners der Stadt,

1 - Tanzhaus und Hohes Haus; 2 - Rathaus; 3 - Leihhaus/Kanzlei; 4 - Kürschner- oder Hafenhaus; 5 - Klösterle; 6 - Gerberhäuser; 7 - Holzhof; 8 - Stadtmuseum; 9 - Spitalhof; 10 - Roßwette; 11 - Hallgebäude; 12 - Winter'sches Haus; 13 - Herrgotts- oder Salvatorkirche; 14 - Alte Bastei; 15 - Münzhaus; 16 - Ellinger Haus; 17 - Pfarrgasse; 18 - St. Georgskirche; 19 - Neumühle; 20 - Komschranne; 21 - Deininger Tor; 22 - Reißturm; 23 - Reimlinger Tor; 24 - Feilturm; 25 - Stelle der abgetragenen Neuen Bastei; 26 - Berger Tor; 27 - Löwenturm; 28 - Oberer Wasserturm; 29 - Backofentürme; 30 - Baldinger Tor; 31 - Spitzturm; 32 - Löpsinger Tor; 33 - Bahnhof; 34 - Postamt

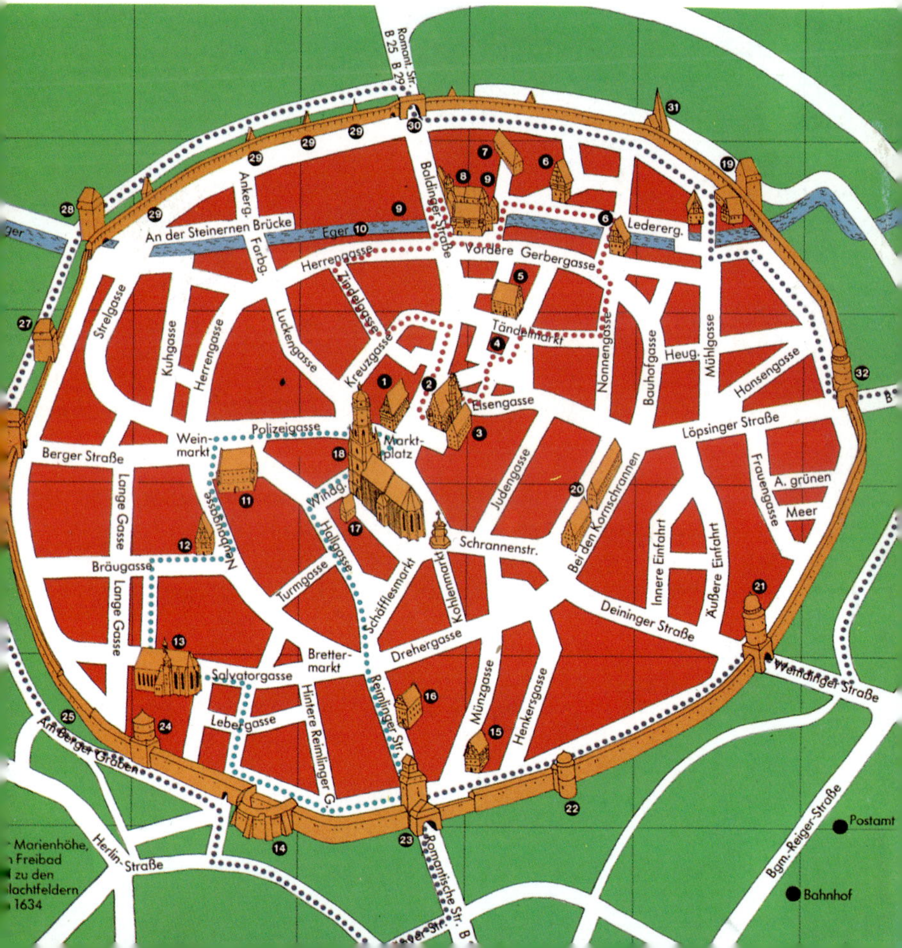

Prächtige Renaissance-Treppe am Nördlinger Rathaus. Im Hintergrund der Turm der St.-Georgs-Kirche, der berühmte „Daniel".

ziert die schlichte Fassade gegen den Marktplatz. Auch das Rathaus war im 13. Jahrhundert als Messekaufhaus entstanden, dient jedoch bereits seit 1382 als städtisches Rathaus und ist damit eines der ältesten in Deutschland. Eine prächtige Steinmetzarbeit stellt die Renaissance-Freitreppe samt ihrem Portal dar, die seit 1618 eine frühere hölzerne Aufgangstreppe des Gebäudes ersetzt. Ihr gegenüber steht das ehemalige Leihhaus, wo heute das Verkehrsamt beheimatet ist.

Folgen wir der nördlich angrenzenden Eisengasse nach rechts und biegen in die nächste Gasse nach links ab, so erreichen wir einen freien Platz, auf dem bis 1955 das Kürschner- oder Hafenhaus stand. Das markante Gebäude gegenüber, das „Klösterle", entstand einst als Kirche des Barfüßerklosters. Nach der Reformation nutzte es die Stadt als

Getreidespeicher, später als Lagerraum und heute als Stadtsaal bei größeren Veranstaltungen. Das schöne Hauptportal stammt aus der Zeit des Umbaus (1586). Gegenüber steht das Kaisheimer Haus, 1278-1803 Kastenhaus des Reichsstiftes Kaisheim, später Landgericht und Bezirksamt, heute Amtsgericht. Der Platz „Tändelmarkt" führt uns rechts zur Nonnengasse und Manggasse, denen wir nach links folgen. Beim Überqueren der Vorderen Gerbergasse verlassen wir das älteste, stangierte Stadtgebiet. Romantische, spitzgieblige Gerberhäuser links (Nr. 23) und rechts des Baches (Nr. 2) zeugen von der gehobenen Wohnkultur der Nördlinger Handwerker. Am westlichen Ende der Gasse steht rechts versetzt der scheunenartige Bau des „Holzhofs" den die Stadt Nördlingen als Rieskrater-Museum eingerichtet hat. Es zeigt auf sechs Räume aufgeteilt - die Entstehung des Rieskraters im speziellen und den Verlauf von Impaktprozessen (Kraterbildungsprozesse) im allgemeinen. Anhand zahlreicher Exponate, Erläuterungstafeln auf verschiedenen Informationsebenen und eindrucksvoller Videos (Entstehung des Sonnensystems, Entstehung des Rieskraters, Mondmission Apollo 16) werden diese Themen anschaulich dargestellt.

Am Ende der hinteren Gerbergasse beginnt das Gebiet des Spitalhofs, einer mittelalterlichen Fürsorgeeinrichtung, die sich jenseits der Baldinger Straße mit den ehemaligen Wirtschaftsgebäuden (Pfisterei, Mühle, Ställe etc.) fortsetzt. Entsprechend dem Stiftungsgedanken wird das Spital auch heute noch als Alten- und Pflegeheim genützt. Im ehemaligen Hospitalgebäude ist das Stadtmuseum untergebracht, das die Geschichte Nördlingens und des Rieses dokumentiert. Besonders beeindrucken in der Sammlung die Inszenierung der Ofnet-Höhle mit den mittelsteinzeitlichen Schädelnestern (ca. 6000 v.Chr.), der römische Flötenspieler aus der nahegelegenen villa rustica von Holheim, das Zinnfigurendiorama der berühmten Schlacht bei Nördlingen (1634), sowie die spätgotischen Tafelgemälde Friedrich Herlins (15. Jh.) und Hans Schäufelins (16. Jh.).

Von der Herrengasse führt, immer noch in Höhe des Spitals, eine gepflasterte Ebene hinunter zur Eger, die Rosswette. Die Herrengasse mündet schließlich in den Weinmarkt ein, wo der Maria-Holl-Brunnen an die tapfere Kronenwirtin erinnert, die während der Hexenprozesse 1589-96 trotz 56 schwerer Folterungen nicht gestand und ihren Prozeß überlebte. Diese Verfahren brachten ingsesamt 35 Menschen den unverdienten Tod.

Das mächtige Hallgebäude (1543) diente einst als Speicher für Salz, Wein und

Rieskrater-Museum: Darstellung des Meteoriteneinschlags vor 15 Mill. Jahren.

St.-Georgs-Kirche: Langhaus gegen Westen.

Getreide. Von der Neubaugasse biegen wir beim stattlichen Fachwerkbau des Winter´schen Hauses ab in die Bräugasse, von der aus wir, uns links haltend, die Herrgotts- oder Salvatorkirche erreichen. Sie war 1442 als Klosterkirche der Karmeliter geweiht worden, wurde aber 1829 stark verändert. Sehenswert sind jedoch die Prophetenfiguren in der Laibung des Westportals, die Wandfresken, der Hochaltar, die Reliefs der Kanzel und das Gemälde „Hostienwunder". Alle genannten Kunstwerke stammen aus dem 15. Jahrhundert.

Die Basteigasse führt uns zur Stadtmauer mit der Alten Bastei, die als Freilichttheater dient. Wir folgen der Befestigung bis zum Reimlinger Tor, das samt Vorwerk erhalten ist. Vorbei am Ellinger Haus, einst Kastenhaus des Deutschen Ordens, streben wir über die Reimlinger Straße und den Schäfflesmarkt auf kürzestem Weg der St.-Georgs-Kirche zu, deren fast 90 m hoher Turm, der „Daniel", uns den Weg weist. Als eine der

Hauptaltar

Prächtiges Fachwerk am Winter'schen Haus. ▶

▼ *Altstadtgasse in Nördlingen mit dem „Daniel".*

größten süddeutschen Hallenkirchen 1505 vollendet, bewahrt er einen barocken Hochaltar mit spätgotischen Plastiken sowie einen spätgotischen Taufstein. Wer eine herrliche Aussicht über die Altstadt genießen will, der steige bei klarem Wetter die 350 Stufen hinauf zum Turmumgang. Von hier aus läßt der Türmer alle halbe Stunde von 22 bis 24 Uhr noch heute allnächtlich sein mittelalterliches Losungswort erschallen: „So, G'sell, so!" Beim Auf- und Abstieg begegnen wir dem alten Tretrad, mit dem der Türmer, Wächter über die Stadt und „Feuermelder", ein Seil mit Korb für seine Versorgung hinaufzog.
Von Nördlingen lohnt vor der Weiterfahrt entlang der B 25 nach Harburg (17 km) ein Abstecher (Umweg 15 km) zum Stadtteil Holheim (Ofnethöhlen und villa rustica), und weiter nach Christgarten (kleinste Gemeinde Bayerns, gotischer Kartäuserchor) und über Mönchsdeggingen (Benediktinerabtei, barocke Kirche mit liegender Orgel von 1693) zurück zur B 25. Eine zweite Ausflugsmöglichkeit ergibt sich mit dem Besuch der Kleinstadt Wemding, 17 km östlich von Nördlingen gelegen. Sehenswert sind der Marktplatz, die Stadtbefestigung, die Pfarrkirche sowie die nahe Wallfahrtskirche „Maria Brünnlein" im Stil des Rokoko. Von Wemding führt eine Straße südlich direkt nach Harburg.

14

Harburg

Das mittelalterliche Städtchen Harburg drängt sich an den steilen Hang zwischen der Wörnitz und dem Burgberg, auf dem die mächtige Burganlage thront. Als sie 1150 erstmals urkundlich erwähnt wurde, war sie noch im Besitz der staufischen Kaiser, erbaut zur Sicherung der Handelsstraße Augsburg-Nürnberg. 1251 bzw. 1299 gelangten Stadt und Burg durch Verpfändung an die Grafen von Oettingen. Die Burg ist noch heute im Besitz des Fürsten zu Oettingen-Wallerstein. Im Laufe ihrer langen Geschichte nie zerstört, gehört sie zu den besterhaltenen Burgen Deutschlands.

Auf dem Burgberg thront die mächtige Harburg über dem gleichnamigen Städtchen. Seit 1299 befindet sie sich im Besitz der Grafen und späteren Fürsten von Oettingen.

Wegen der Enge des Raums ist die Romantische Straße in Höhe der Burg auf einer Länge von 300 m als Tunnel geführt. Davor steigt eine Straße rechts hinauf zum Parkplatz unterhalb der Burg, die durch hohe Mauern mit Wehrgängen und eine doppelte Toranlage gesichert war. Am inneren Tor ist

Information

Verkehrsamt Harburg:
Schloßstraße 1, 86655 Harburg, Telefon 09080/96990, Fax 09080/969930
Öffnungszeiten: Schloß Harburg: *Vom 16. März bis 31. Oktober täglich außer Montag (an Feiertagen geöffnet) von 10-17 Uhr (Oktober 10.00-16.00 Uhr).*
Besichtigungen während der Nachsaison (November bis Mitte März):
Schloß Harbug *nach Vereinbarung (Tel. 09080/9686-0 oder 9686-30).*
Fürst Wallerstein, *Schlösser & Museen, Burgstraße 1, 86655 Harburg,*
Internet: http://www.fuerst wallerstein.de, e-mail: schloesser@fuerst wallerstein.de

Blick vom Kastenhaus auf dem oberen Burghof mit Wehrgang, Pfisterei, Pfisterturm, Fürstenbau, Saalbau und Brunnen (von links).

noch das hölzerne Fallgatter mit seinen eisernen Spitzen erhalten. Um den inneren Burghof gruppieren sich die Burgschenke, der Saalbau mit dem Festsaal, der Fürstenbau, die Schloßkirche und der Hungerturm (13. Jh.), der als Bergfried diente und zugleich ältester Teil der Burg ist. Ein Rundgang durch die Gebäude führt u.a. zu den wertvollen Grabdenkmälern der Grafen von Oettingen und dauert eine knappe Stunde. Vom Burgberg hat der Besucher einen schönen Ausblick über die Harburger Altstadt mit dem gewundenen Flußlauf der Wörnitz, dem Grenzfluß zwischen der Schwäbischen und der Fränkischen Alb.

Durch enge Straßen gelangt der Autofahrer hinunter zur Wörnitz, wo er besonders im Bereich der alten Steinbogenbrücke (1712) mit ihren 7 Bogen einmalige Motive mit dem Fluß, alten Häusern und der Burg entdecken kann. Die Altstadt jedoch sollte er zu Fuß erkunden und sich in aller Ruhe an den schönen Fachwerkhäusern z.B. des ehemaligen Pfarrhauses und des Rathauses erfreuen. Harburgs Wappen, ein schwarzer Adler mit roten Waffen, weist auf den Ursprung der Stadt als Reichsgut hin.

Nach 12 km endet die B 25 in Donauwörth, der nächsten Perle in der Kette „Romantische Straße".

Harburg: Steinbogenbrücke an der Wörnitz.

In das Land der Grafen und Fürsten zu Oettingen-Wallerstein

wo Geschichte und Gastlichkeit zusammgehören

Schloß Wallerstein
Erlesene Porzellan- und Glassammlung.
Tel.: 09081/782285

Brauereigaststätte „Fürstlicher Keller"
in Wallerstein mit über 100 Sitzplätzen im Landsknechtsaal. Tel.: 09081/79860

Schloß Baldern mit umfangreicher Waffensammlung und sehenswerten Schauräumen. Tel.: 07362/9688-0.

Schloßschenke zum Marstall auf Schloß Baldern. 120 Sitzplätze, Betriebsfeiern, Sonderveranstaltungen. Durchgehend warme Küche! Tel.: 07362/9688-0.

Die Harburg, eine der ältesten und größten Burganlagen Süddeutschlandsd.
Tel.: 09080/96860

Das Burgrestaurant auf der Harburg
mit Terrasse und gemütlichen Gasträumen. Tel.: 09080/1504

Waldgaststätte Eisbrunn
in der Nähe der Harburg.
Saal mit 120 Sitzplätzen und 500 Sitzplätzen im Freien.
Tel.: 09080/1555

15

Donauwörth

An der Mündung der Wörnitz in die Donau liegt Donauwörth (20.000 Einwohner), entstanden aus einer Fischersiedlung auf der Wörnitzinsel (Wörth). Mit dem Bau der ersten Donaubrücke um 975 für die Fernhandelsstraße Augsburg-Nürnberg erlangte „Werd", später „Schwäbischwörth", an Bedeutung und erhielt 1193 das Stadtrecht. Von 1301-1607 war die Kommune reichsfreie Stadt und ein bedeutender Handelsplatz, ehe sie in den Religionswirren vor dem 30-jährigen Krieg in die "Reichsacht" und an Bayern fiel.

Rückgrat der historischen Altstadt ist die Reichsstraße zwischen dem Rathaus und dem Fuggerhaus. Sie imponiert durch die Geschlossenheit ihrer Häuserzeilen und ist einer der schönsten Straßenzüge Süddeutschlands. Und dies wieder, obwohl die Stadt 1945 zu 75% zerstört worden war. Wegen ihrer enormen Breite hieß sie früher Oberer und Unterer Markt und war im Mittelalter Teil der Handelsstraße. Das Rathaus besteht seit 1236 ununterbrochen, wurde jedoch des öfteren erweitert und verändert. Über dem Hauptportal mit der harmonischen Doppeltreppe ist das Wappen in der Form angebracht, wie es Karl V. im Jahre 1530 der Stadt verliehen hatte. Täglich um 11 und 16 Uhr erklingt ein Glockenspiel u.a. mit der Melodie „Die Sonne muß scheinen" aus der Oper „Die Zaubergeige" von Werner Egk (1901-83). Dem Donauwörther Komponisten ist auch ein Brunnen in der Promenade in Rathausnähe gewidmet.

An der Kapellstraße liegen das Bürgerspital mit seiner Kirche (17. Jh.) und das ehemalige Deutschordenshaus, dessen klassizistischer Bau einen spätbarocken Festsaal, benannt nach dem berühmten Donauwörther Maler Enderle (1725-1798) bewahrt. Außerdem ist dort die städtische Kunstgalerie eingerichtet. Beim Blick zurück über den Rathausplatz gewahren wir ein hohes Fachwerkhaus, dessen Obergeschosse weit vorkragen. Es gehört zur Spitalgasse, an deren Ende das Riedertor über eine Brükke uns auf die Insel „Ried" geleitet, den Ursprung der Siedlung. Sowohl das Torgebäude als auch das Hintermeierhaus (ehem. Fischerhaus, 15. Jh.) auf dem „Wörth" enthalten geschichtliche Sammlungen. Ein Fußweg führt an der Wehrmauer entlang vom Riedertor zum romantischen Färbertörl, das sich aus seiner Schutzfunktion in eine private Kunstgalerie verwandelt hat.

Entlang der Reichsstraße passieren wir das reichsstädtische Tanzhaus (15. Jh.), des-

Information

Städt. Tourist-Information: Städt. Verkehrsamt,
Rathausgasse 1, 86609 Donauwörth, Tel. 0906/789-151, Fax 789-999,
Internet: http://www.donauwoerth.de, e-mail: stadt@donauwoerth.de
Käthe-Kruse-Puppen-Museum: *April-Okt. tägl. außer Montag von 14-17 Uhr;*
Nov.-März jeden Mittwoch/Samstag/Sonntag/Feiertag von 14-17 Uhr
Werner-Egk-Begegnungsstätte:
ganzjährig jeden Mittwoch/Samstag/Sonntag/Feiertag von 14-17 Uhr.
Haus der Stadtgeschichte: *ganzjährig jeden Samstag/Sonntag/Feiertag von 14-17 Uhr.*
Archäologisches Museum: *ganzjährig jeden Samstag/Sonntag/Feiertag von 14-17 Uhr.*
Heimatmuseum auf der Insel Ried:
Mai-Sept. jeden Samstag/Sonntag/Feiertag von 14-17 Uhr.
Lovriner Heimatstube: *Öffnungszeiten siehe Heimatmuseum.*

◀ *Ehemaliges Kloster „Heilig Kreuz".*

Romantisches Färbertörl.

▼ *Invalidenkaserne an der alten Stadtmauer.*

sen Erdgeschoß als Verkaufsläden für Bäkker und Fleischer und als Schranne diente. Das Obergeschoß nutzte die Stadt an Markttagen für die Stände von Kaufleuten, bei festlichen Gelegenheiten als Tanzsaal. Seit dem Wiederaufbau von 1975 ist es das gesellschaftliche Zentrum.
Schräg gegenüber erhebt sich der spätgotische Backsteinbau des Liebfrauenmünsters (1444-61). In seinem massigen Turm hängt seit 1512 Schwabens größte Kirchenglocke, die 131 Zentner schwere „Pummerin". Schon wegen der herrlichen Aussicht lohnt der Aufstieg zum Turmumgang. In der feinsinnig renovierten Hallenkirche sind nicht nur das hoch aufsteigende Sakramentshäuschen und spätgotische Fresken einen Besuch wert.
Auf dem Weg zum zweigeschossigen Fuggerhaus begegnen wir einem adlerbekrönten, neuzeitlichen Brunnen (1977, Prof. Hans Wimmer), in dessen Säule die markanten Stationen der Stadtgeschichte festgehalten sind. Den Renaissancebau am Ende der Reichsstraße, heute Landratsamt, ließ Anton Fugger 1537-39 errichten. Während des 30-jährigen Krieges diente es 1632 Gustav Adolf von Schweden nebst Gemahlin als Quartier, später auch dem „Winterkönig" und Kaiser Karl VI. (1711).
Ein besonders malerisches Reststück der mittelalterlichen Wehrmauer mit dem runden Wasserturm und der „Invalidenkaserne" (18. Jh.) erreichen wir über die Pflegstraße, wenn wir der ersten Seitenstraße links folgen. Die Heilig-Kreuz-Straße führt uns in den einst umfangreichen Klosterbezirk mit der spätbarocken Heilig-Kreuz-Kirche. Das harmonische Bauwerk entstand 1717-22 unter dem berühmten Architekten Joseph Schmuzer aus Wessobrunn. Am unteren Teil des Turms sind noch romanische Verzierungen aus der Bauzeit der ersten Kirche (1128) zu erkennen. Hoch darüber erhebt sich auf 73 m Höhe die mehrfach geschwungene Rokoko-Kuppel des heutigen Baus.
Das Kirchenportal ist ebenso kunstvoll mit Schnitzwerken verziert wie die 8 Altäre, das Chorgestühl und die Wangen der Kirchenbänke. Die geschmackvollen und zurückhaltenden Stuckverzierungen, welche die Deckenfresken umrahmen, stammen

ebenso von Wessobrunner Meistern wie der Hochaltar, den der Bruder des Architekten fertigte. An der Westseite des Kirchenschiffs schützt ein schönes schmiedeeisernes Gitter die Grabplatte der Herzogin Maria von Brabant. Die Unglückliche wurde 1256 auf Befehl ihres Gemahls, des Herzogs Ludwig des Strengen, wegen des falschen Verdachts der ehelichen Untreue enthauptet. Eine Treppe führt hinunter zur Gruftkapelle, deren Decke überreich mit Stuck verziert ist. Ein kunstvolles schmiedeeisernes Gitter schützt die beiden Altäre (1705) im Hintergrund. Der linke enthält die romanische Kreuzpartikeltafel (11. Jh.), die in einer barocken Monstranz (1716) eingefügt ist. Die hier verwahrten Teile vom Kreuz Christi waren und sind das Ziel vieler Wallfahrten. Bemerkenswert ist auch die Grabtafel für Abt Amandus Roels, der den Neubau von Kloster und Kirche von 1696 bis 1735 durchführen ließ. Weitere alte Grabdenkmäler sowie auch große barocke Statuen sind im Kreuzgang aufgestellt.

Alljährlich am ersten Sonntag im Juli spielen beim "Schwäbischwerder Kindertag" 1000 Schülerinnen und Schüler die Geschichte ihrer Stadt, die weithin Reichsgeschichte war. Und im Oktober laden die "Donauwörther Kulturtage" zu Veranstaltungen mit besonderem Niveau. Von Donauwörth nach Augsburg (50 km) ist die B 2 gleichzeitig die Romantische Straße. Ein möglicher Umweg (ca. 27 km zusätzlich) führt entlang der B 16 nach Höchstädt (Schloß, Heimatmuseum, Prinz-Eugen-Denkmal) und Dillingen (Basilika St. Peter, Studienkirche Mariä Himmelfahrt, prachtvolle Aula "Goldener Saal" und Hiaslturm - letzter Aufenthaltsort des berüchtigten Wildschützen). Über Wertingen und Biberbach (barocke Wallfahrtskirche mit romanischem Kruzifix - dem "Lieb's Herrgöttle von Biberbach" der Schwaben) erreichen wir bei Langweid wieder die Romantische Straße (B 2).

Das wuchtige Riedertor gehörte einst zur Stadtbefestigung. Heute ist hier ein Museum der Stadtgeschichte untergebracht.

Zusammenfluß von Wörnitz und Donau bei Donauwörth.

16

Augsburg

Die Stadt entwickelte sich im Laufe von über 2000 Jahren aus einem römischen Heerlager unter Kaiser Augustus (15. v. Chr.), der im Namen der Stadt fortlebt. Durch ihre bevorzugte Lage am Schnittpunkt wichtiger Handelsstraßen erlangte sie im Mittelalter große Bedeutung, die im Zeitalter der reichen Fugger (um 1500) und der Seefahrerdynastie der Welser Augsburg zur Weltstadt werden ließ. Kaiserbesuche und Reichstage wurden zur Gewohnheit, berühmte Künstler arbeiteten in der Stadt, die in der Renaissance zum Zentrum von Architektur, Musik und Malerei avancierte. Heute ist Augsburg die drittgrößte Stadt Bayerns, gleichzeitig Sitz einer Universität und der Regierung von Schwaben sowie ein bedeutender Wirtschaftsstandort. Das Stadtwappen mit einem grünen Pinienzapfen erinnert an die Vergangenheit,

Augsburg: der Herkulesbrunnen vor der ehemaligen Benediktinerabtei-Kirche St. Ulrich und Afra, zu erkennen am 93 m hohen Zwiebelturm.

i Information

Tourist-Information:
Bahnhofstraße 7 und Rathausplatz, 86150 Augsburg,
Telefon 0821/502070, Fax 0821/5020745,
Internet: http://www.regio-augsburg.de, e-mail: stadtfuehrungen@regio.augsburg.de
Öffnungszeiten der Museen:
Montag und Dienstag geschlossen.
Geöffnet Mittwoch bis Sonntag 10.00 bis 16.00 Uhr.

der Augsburger Konfession und des Augsburger Religionsfriedens an ihre Bedeutung während der Reformationszeit.
Wollte der Besucher alle Sehenswürdigkeiten der Stadt erkunden, bräuchte er dazu einige Wochen. Allein 15 Museen und Galerien stehen zur Auswahl. Ähnlich wie die (Do. bis So.) Stadtrundfahrt müssen wir uns jedoch bei unserem Rundgang von gut 2½ Stunden auf die wichtigsten historischen Bauwerke beschränken. Dieser Weg ist von der Tourist-Information der Stadt mit Pfeilen auf grünen Tafeln vorgezeichnet und kann daher an jedem beliebigen Punkt begonnen werden. Zu beachten ist dabei, daß ein senkrecht nach unten zeigender Pfeil bedeutet, den Weg - vom Betrachter aus - in entgegengesetzter Richtung, zurück also, fortzusetzen; senkrecht nach oben heißt geradeaus. Wer keine Zeit für diesen Rundgang erübrigen will, sollte sich zumindest die Glanzpunkte ansehen: das Rathaus mit dem Goldenen Saal, die Fuggerei, den Dom, die Annakirche und die Ulrichskirche.
Anläßlich ihres 1600-jährigen Jubilä-

1. Augustusbrunnen
2. Rathaus
3. Perlachturm
4. Kirche "Maria Stern"
5. Stadtmetzg
6. Brechthaus
7. Barfüßerkirche
8. Lechkanäle
9. Fuggerei
10. Alte Silberschmiede
11. Gignouxhaus
12. Holbeinhaus
13. Färberhaus
14. Vogeltor
15. Klosterkirche St. Margareth
16. Heilig-Geist-Spital
17. Kräutergärtlein
18. Freilichtbühne
19. Rotes Tor
20. Ulrichstadel
21. St. Ulrichs Kirchen
22. Kathanhaus
23. Dominikanerkirche/ Röm. Museum
24. Schaezler-Palais
25. Herkulesbrunnen
26. Fuggerhäuser
27. Zeughaus
28. St. Moritz
29. Merkurbrunnen
30. Weberhaus
31. Köpfhaus
32. Maximilianmuseum
33. St.-Anna-Kirche
34. Peutingerhaus
35. Hofgarten
36. ehem. bischöfliche Residenz
37. Dom und bischöfl. Residenz
38. Synagoge
39. Naturmuseum und Planetarium
40. Mozarthaus
41. Lettl-Museum
42. Kurhaus Göggingen

SC

ums ließ die Stadt zu Ehren ihres römischen Gründers 1594 den Augustusbrunnen ❶ vor dem Rathaus errichten. Die vier Beckenfiguren symbolisieren die 4 Flüsse, deren Wasserkraft seit alten Zeiten wichtige Hilfe für viele Handwerksbetriebe in Augsburg war. Das Rathaus ❷ errichtete der bedeutendste Baumeister, Elias Holl, zwischen 1615 und 1620. Es ist einer der schönsten und wichtigsten Profanbauten der Renaissance nördlich der Alpen. Einmalig in seiner prunkvollen Ausstattung ist der Goldene Saal mit herrlichen Portalen, Wandmalereien und einer kunstvollen Kassettendecke. Neben dem Rathaus bildet der nahe Perlachturm ❸ das zweite Wahrzeichen Augsburgs. Über dem mittelalterlichen Kern des ehemaligen Wehrturms entstanden wiederum unter Elias Holl, die Obergeschosse mit der Glockenlaterne und der für Augsburg typischen „Welschen Haube“ als Abschluß. Vom Umgang des 70 m hohen Turms hat man eine herrliche Aussicht über den Stadtkern. Die Pfeile der grünen Hinweistafeln führen uns zur Kirche „Maria Stern“ ❹, einst Gotteshaus des Franziskanerinnenklosters. Erbaut 1574-76 unter Johannes Holl, dem Vater des Rathauserbauers, entstand hier erstmals als Turmabschluß die genannte „Welsche Haube“, auch „Augsburger Zwiebel“ genannt. Dem Sohn von Elias Holl verdankt Augsburg das ehemalige Zunft- und Verkaufshaus der Metzger, die Stadtmetzg ❺ mit der harmonischen Schaufassade. Zwei unterirdische Lechkanäle dienten der Kühlung und Abfallentsorgung auf - für damalige Verhältnisse - fortschrittliche Art.

Das Brechthaus ❻ ließ die Stadt 1984 als Gedenkstätte für den hier geborenen Dichter einrichten. Kurz danach symbolisiert ein rotes Hinweisschild einen möglichen Abstecher vom Hauptrundgang hin zur Barfüßerkirche ❼. Der gotische Bau (1407-1411) enthält eine recht wertvolle Ausstattung sowie einen sehenswerten Kreuzgang mit Sternennetzgewölbe.

Wir befinden uns nun im Lechviertel. Das fließende Wasser ❽ diente vor allem dem Antrieb von Mühlen und Handwerksbetrieben. Allein 10 von ihnen kann man hier im Rahmen des speziellen „Handwerkerweges“ werktags erkunden. Eine weitere Möglichkeit der Erkundung bietet sich beim Handwerkermuseum nahe Punkt 17 des historischen Rundgangs, wo etwa 40 Handwerksberufe und ihre historische Entwicklung gezeigt werden.

Mit der Fuggerei ❾ haben wir eine der markantesten Anlagen der Stadt und die älteste Sozialsiedlung der Welt überhaupt erreicht. Gegründet 1516 durch Jakob Fugger den Reichen und seine Brüder, umfaßt sie 67 Häuschen mit 142 Kleinwohnungen, eine Kirche, einen Brunnen und eine Ummauerung mit Toren, bildet also eine Stadt in der Stadt. Gemäß den damaligen Bedingungen müssen die Bewohner auch heute arm, unbescholten, Augsburger Bürger und katholisch sein, jährlich 1,72 DM (Gegenwert eines rheinischen Guldens) Miete bezahlen und laut Hausordnung täglich drei Gebete für die Stifter beten.

Der Weg zurück Richtung Zentrum führt - als rot gekennzeichneter Abstecher - zur Alten Silberschmiede ❿ in der Pfladergasse, dann auf dem Hauptweg vorbei am Gignouxhaus ⓫ (1765, schönes Fabrikantenhaus in Rokokoformen, heute „Komödie“), dem Holbeinhaus ⓬ (Wohnhaus Hans Holbeins d.Ä.) und dem letzten Färberhaus ⓭ der Stadt zum Vogeltor ⓮, einem gotischen Stadttor (1445). Unterwegs zum Südzipfel der Stadt kommen wir am Schwallech vorbei mit seinem original-

▲ *Die „Fuggerei“, älteste Sozialsiedlung der Welt, entstand ab 1516 durch Jakob Fugger „den Reichen“ und seine Brüder.*

Fuggerei: ewiger Kampf des Guten gegen das Böse. ▶

am Schwallech vorbei mit seinem originalgetreu wiedererrichteten hölzernen Wasserrad. In der Margarethenstraße steht die ehemalige Klosterkirche St. Margareth ⓯ (1521, umgebaut 1720), an die sich ein Klosterhof mit offenem Laubengang anschließt. Noch weiter südlich führt wiederum ein rot markierter Abstecher zum Heilig-Geist-Spital ⓰, einem späten Bauwerk des Elias Holl, mit Innenhof. Im restaurierten Brunnenmeisterhaus ist heute das be-

Berühmte Augsburger: Figuren der „Puppenkiste".

reits genannte Handwerkermuseum untergebracht.
Südlichstes und stärkstes Festungsbollwerk war die Rote-Tor-Bastei, wo sich heute ein Kräutergärtlein ⓱ und eine Freilichtbühne ⓲ im glücklicherweise unnötig gewordenen Wallgraben finden. Das Rote Tor ⓳ von 1622, umgestaltet von Elias Holl, ist heute Teil einer romantischen Grünanlage.
Eine weitere rote Markierung läßt uns von der Kirchgasse links abbiegen, deren Ende wir nach Besichtigung des Ulrichsstadels ⓴ wieder erreichen. Dieser war Stall- und Stadelbau des einst reichsunmittelbaren Benediktinerstifts St. Ulrich und Afra ㉑. Die spätgotische Basilika besitzt eine wertvolle Ausstattung sowohl im Renaissance- als im Barockstil, ebenso im ehemaligen Predigersaal, der heutigen evangelischen Ulrichskirche. Während uns die Maximilianstraße weiter nordwärts führt, passieren wir die Kapuzinergasse (bemaltes Haus Nr. 10, Kathanhaus ㉒) und den Stichweg zur ehemaligen Dominikanerkirche ㉓, (Römisches Museum). Links an der Maximilianstraße steht mit dem Schaezler-Palais ㉔ der beeindruckenste Bau des Rokoko in Augsburg. Neben dem 23 m langen, prächtigen Festsaal mit Schnitz- und Stuckdekorationen, Wandspiegeln und Deckenfresken sind heute auch die Deutsche Barockgalerie und die Staatsgalerie dort untergebracht.
Der nahe Herkulesbrunnen ㉕ entstand um 1600, ebenso wie der bald folgen-

Rotes Tor und Turm der Kirche St. Ulrich.

Schaezler-Palais: imponierendes Bürgerhaus für einen Bankier, heute Deutsche Barockgalerie und Staatsgalerie.

de Merkurbrunnen ㉙. Beide sind Arbeiten des Niederländers Adrian de Vries. Dazwischen beachten wir jedoch noch die Fuggerhäuser ㉖, entstanden 1512-15 als Wohn- und Geschäftshaus von Jakob Fugger mit reizvollen Innenhöfen (Damenhof), das Zeughaus ㉗ von 1607 (E. Holl. Prunkfassade) sowie das ehemalige Chorherrenstift St. Moritz ㉘ mit Resten seiner Barockausstattung. Vorbei am rekonstruierten, bunt bemalten Zunfthaus der Weber ㉚ von 1389 erreichen wir das Köpfhaus ㉛, ähnlich wie die Fuggerhäuser im 16. Jahrhundert durch Zusammen- und Umbau mehrerer kleiner Häuser entstanden. Gleich daneben erinnern ein Denkmal (Hans Jakob Fugger) sowie das Welserhaus an die einst mächtigsten Augsburger Familien. Das ursprünglich bemalte Bürgerhaus, Maximilian-Museum ㉜, von 1546 birgt heute eine stadtgeschichtliche Sammlung von Kunsthandwerk.

Eine wertvolle Innenausstattung mit mittelalterlichen Glasmalereien, Fresken und Tafelbildern birgt der Augsburger Dom.

Mit der St.-Anna-Kirche 33 erreichen wir ein weiteres Highlight in dem gewiß mit Sehenswürdigkeiten gespickten Rundgang. Die ehemalige Karmeliter-Klosterkirche (1321, erweitert 15. Jh.) enthält gotische Wandmalereien und wertvolle Gemälde, u.a. von Lucas Cranach dem Älteren sowie die Grabkapelle der Fugger, die diese von 1509-1518 nutzten. Im letztgenannten Jahr wohnte Martin Luther während seiner Verhandlungen mit dem päpstlichen Legaten Cajetan im angrenzenden Klosterbau, wo heute eine Gedenkstätte (Lutherstiege) zu besichtigen ist. Mo. geschlossen. Da die Kirche seit 1525 evangelisch genutzt wurde, gaben die Fugger ihre Grabkapelle auf. Während das Peutingerhaus 34 (16. Jh., feine Rokokofassade von 1763) und der bischöfliche Hofgarten 35 etwas abseits uns auf die ehemalige bischöfl. Residenz ㊱ nahe am Dom. Lediglich der Turm blieb vom mittelalterlichen Fronhof erhalten. Die übrigen Gebäude entstanden im 18. Jahrhundert und werden heute von der Regierung von Schwaben als Residenz genutzt. Am 25.6.1530 wurde im damaligen Kapitelsaal die „Augsburgische Konfession“ verkündet, das grundlegende Bekenntnis der lutherischen Kirche. Nur wenige Meter trennen die bischöfliche Residenz vom Dom ㊲, der bereits 823 in Urkunden genannt wurde. Fast so alt sind die Krypta (10. Jh.) und die Glasmalereien (12. Jh.), die zu den ältesten in Deutschland zählen. Decken- und Wandfresken aus romanischer und gotischer Zeit, Tafelbilder von Hans Holbein d.Ä. sowie eine Bronzetür (um 1356, 35 Reliefdarstellungen) lassen den Dom zu einem Augenschmaus für Liebhaber sakraler Kunst werden.

Bei der St.-Ulrichs-Kirche in Augsburg kreuzt die B 300 die eigentliche Roman-

Blick von Norden auf den Perlachturm, das prächtige Renaissance-Rathaus und den markanten Kirchturm von St. Ulrich und Alfra.

17 Friedberg

tische Straße. Sie führt uns nach 7 km in östlicher Richtung in die einstige Festungsstadt Friedberg. Sie entstand um 1264 als herzogliche Grenzbefestigung der Wittelsbacher vor allem gegen die drei Augsburger Territorien der Freien Reichsstadt, des Bistums und des reichsfreien Benediktinerklosters St. Ulrich und Afra sowie gegen Schwaben. Schon von weitem grüßen wehrhafte Festungsmau-

Friedberg: Marienplatz mit Rathaus und Brunnen.

Information

Fremdenverkehrsbüro der Stadt Friedberg,
Marienplatz 14, 86316 Friedberg, Tel. 0821/6002-213, Fax 0821/6002-205
Öffnungszeiten Museum:
Sonn- und Feiertage 10-12 Uhr und 14-17 Uhr, Mittwoch 14-16 Uhr und nach tel. Vereinbarung

Afra sowie gegen Schwaben. Schon von weitem grüßen wehrhafte Festungsmauern, Bastionen und Türme auf uns herab. Die heutige noch teilweise erhaltene Befestigung entstand anfangs des 15. Jahrhunderts, wie eine spätgotische Gedenktafel in der Westwand der St.-Jakobs-Kirche (19. Jh.) verkündet. Neben den Resten der Stadtmauer - vor allem in der Südwestecke der Anlage - gefällt vor allem der zentral gelegene Marienplatz mit dem hübschen Brunnen, der Mariensäule und dem schmucken Rathaus, das die Friedberger 1674 im Stil des Augsburgers Elias Holl errichteten. Das Schloß über Friedberg entstand 1552-59 auf dem Platz einer älteren Anlage (13. Jh.) der Wittelsbacher. Heute ist dort ein Heimatmuseum untergebracht. Es zeigt u.a. eine bemerkenswerte Sammlung der hier für kurze Zeit arbeitenden Fayencen-Manufaktur und der früher berühmten Friedberger Uhren sowie eine umfangreiche Auswahl der Friedberger Handwerkskunst.
Östlich vom Stadtkern liegt die Wallfahrtskirche Herrgottsruh, die ihren Namen nach dem Gnadenbild (um 1496) trägt. Es zeigt den erschöpften Christus, der sich vom Tragen des Kreuzes ausruht. Das Gotteshaus entstand 1731-53 und gefällt besonders durch ihre schwerelos wirkenden Gewölbe mit ausgezeichneten Kuppelfresken und kunstvollen Stukkaturen des Wessobrunner Meisters Feichtmayr. Unter den Altären sind der Bruderschaftsaltar und der Gnadenaltar mit dem oben erwähnten Gnadenbild bemerkenswert, welches jahrhundertelang das Ziel zahlloser Wallfahrer war. Sehenswert ist weiterhin das außerhalb der Stadt liegende Kirchlein „St. Afra im Felde“. Hier stand bereits 978 ein Gotteshaus. Das heutige stammt aus den ersten Jahren nach 1700 und birgt erwähnenswerte Stuckarbeiten des bekannten Künstlers Schmuzer.

Wallfahrtskirche Herrgottsruh: Gnadenbild.

Zurück in Augsburg, biegen wir in die B 17 in Richtung Süden ein, meiden dabei die Umgehungsstraße. An interessanten Orten passieren wir Haunstetten (Marienkapelle) und Klosterlechfeld, wo eine Wallfahrtskapelle (1603, Elias Holl) auf dem Lechfeld an jene legendäre Schlacht erinnert, während der Kaiser Otto der Große im Jahre 955 die Ungarn besiegte und sie endgültig aus Mitteleuropa verbannte.
Nach insgesamt 45 km kommen wir in Landsberg an. Es empfiehlt sich wegen der Enge der Altstadt, in der Tiefgarage zu parken, von wo aus der Besucher in kaum 5 Minuten das Zentrum erreicht.

18 Landsberg

Dank seiner günstigen Lage steil über einem Lechübergang ist der Schloßberg immer wieder besiedelt worden. Ausgrabungen wiesen bronzezeitliche (um 1800-1200 v. Chr.) und urnenfelderzeitliche Besiedlung (um 1250-750 v. Chr.) ebenso nach wie eine spätrömische (300-400 n. Chr.).Heinrich der Löwe ließ dann 1160 eine „Landespurch" zur Sicherung der Salzstraße errichten, die von Reichenhall zum Bodenseegebiet führte. Die zu entrichtende Salzsteuer trug maßgeblich zum Reichtum der Stadt im Mittelalter bei.

Landsberg: der Hauptplatz mit dem Marktbrunnen, überragt von einer Marienstatue. Dahinter die formenreiche Fassade des barocken Rathauses.

Information

Kultur- und Fremdenverkehrsamt der Stadt Landsberg a. Lech
Hauptplatz 1, 86896 Landsberg a. Lech,
Telefon 08191/128-246, 268, 245, Telefax 018191/128-160,
Internet: http://www.landsberg.de, e-mail: stadt_LL@landsberg.de
***Bayertor:** Mai-Oktober täglich 10-12 Uhr und 14-17 Uhr*
***Altes Rathaus:** Mai-Okt. Mo-Fr 8-18 Uhr, Sa, So u. an Feiertagen 10-12 Uhr und 14-17 Uhr; Nov.-April Mo-Do 8-12 Uhr und 14-17 Uhr, Fr 8-12.30 Uhr*
***Mutterturm:** täglich 14-17 Uhr, Mo und Feiertage geschlossen*
***Herkomer-Museum:** täglich 14-17 Uhr, Mo und Feiertage geschlossen*

Noch heute liegt Landsberg sehr zentral und verkehrsmäßig bestens erschlossen durch die Nord-Süd-Verbindung der B 17 und die im Ausbau befindliche Autobahn E 54 zwischen München und Lindau und der Autobahn A 96 zwischen München und Lindau.

Das städtische Verkehrsamt hat einen Stadtrundgang von ca. 1,5 Stunden ausgearbeitet und mit den stilisierten Kennbuchstaben LL (Landsberg/Lech) sowie 6 Kreisscheiben markiert, mögliche Erweiterungen mit Ringen statt der Scheiben. Zu beachten ist ferner, daß wegen der beträchtlichen Höhenunterschiede der komplette Rundgang anstrengender ist als bei den meisten anderen Städten. Beginnen wir ihn auch hier im Zentrum, beim weiten Hauptplatz, auf dessen Mitte einst das alte Rathaus stand. Der heutige Bau (um 1700) ist in die westliche Häuserzeile integriert, sticht aber durch seine reich verzierte Stuckfassade deutlich heraus. Sie ist ein Werk des Architekten der berühmten Wieskirche, Dominikus Zimmermann, der auch die Räume im Obergeschoß stukkierte. Unter seiner Leitung war um 1752 die Johanniskirche in Landsberg entstanden, von 1749-54 war er hier

1 - Rathaus; 2 - Klosterkirche; 3 - Lechwehr; 5 - Färbertor; 6 - Bäckertor; 7 - Johanniskirche; 8 - Historisches Schuh- und Schuhlöffelmuseum; 9 - Sandauer Tor; 10 - Dachlturm; 11 - Pulverturm; 12 - Stadtpfarrkirche; 13 - Arkadenhof; 14 - Neues Stadtmuseum; 15 - Hl.-Kreuz-Kirche; 16 - Bayertor; 17 - Jungfernsprung; 18 - Nonnenturm; 19 - Schmalzturm; 20 - Mutterturm; 21 - Herkomermuseum

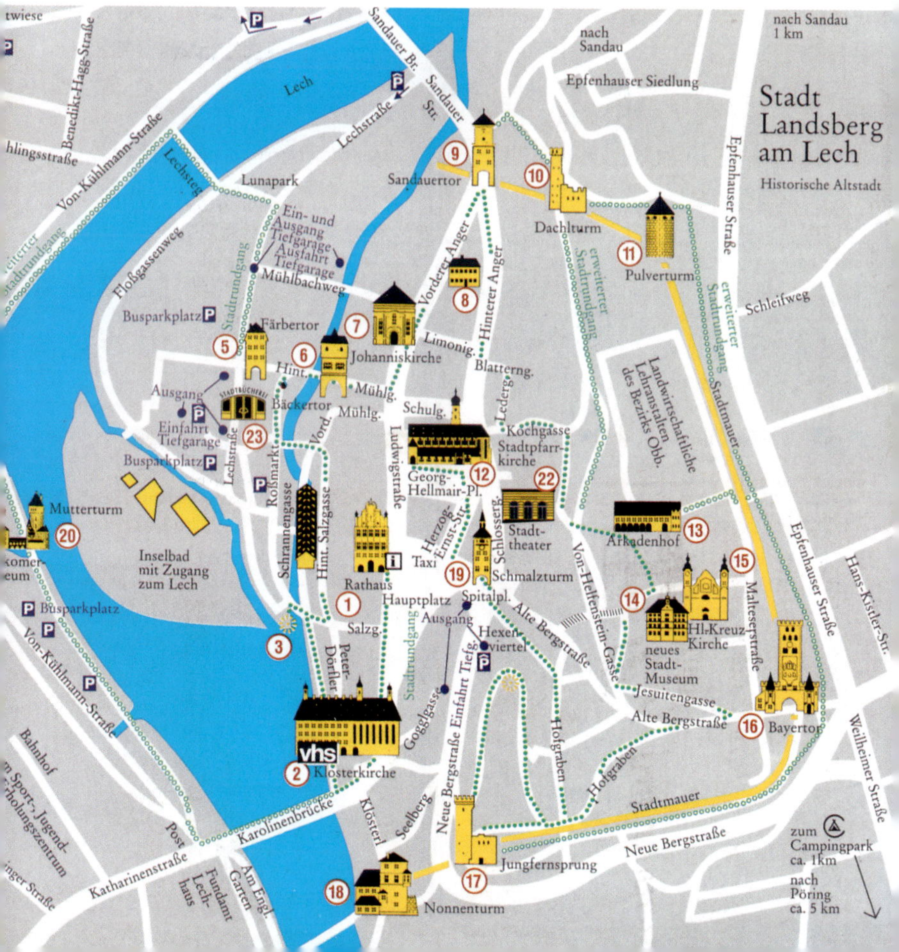

Landsberg: Blick über das Wehr auf das östliche Lechufer. Der „Zwiebelturm" markiert die Stadtpfarrkiche.

Bürgermeister, fast zeitgleich mit dem von ihm geleiteten Bau der Wieskirche (1746-54), seinem Lebenswerk. Vor dem Rathaus steht ein schöner Marktbrunnen (1783) mit Marienfigur.
Die Hubert-von-Herkomer-Straße führt uns, vorbei an der ehemaligen Klosterkirche (ab 1740 nach Plänen von Joh. Bapt. Gunetzrhainer), hinunter zum Lech. Hier lohnt ein kurzer Abstecher über die Brücke und entlang der Promenade rechts wegen der schönen Stadtansicht. Ein kurioses Turmhaus am westlichen Ufer, der „Mutterturm", entstand Ende des 19. Jahrhunderts als Wohnhaus und Atelier des Malers und Graphikers von Herkomer, dessen Kunstsammlung noch heute hier ausgestellt ist. Zurück über die Brücke halten wir uns gleich links, um in Höhe des Inselbades der Hinteren Salzgasse zu folgen. Linker Hand machen gleichförmige Reihenhäuser die Enge der Bebauung zwischen Fluß und Steilhang deutlich. An ihrem Ende halten wir uns links und erreichen rechts entlang des Roßmarkts (Multscher Madonna) zwei ehemalige Tortürme. Während das äußere Färbertor um 1560 mit der Stadterweiterung entstand, steht das Bäckertor hier hinter dem Lechkanal bereits seit dem 15. Jahrhundert. Es leitet uns hinauf zum Vorderen Anger, dem wir nach links folgen. Die bereits genannte Johanniskirche paßt sich dem harmonisch gewachsenen Straßenbild mit dem abschließenden Sandauer Tor (um 1630) gut an. An diesen nördlichen Tor-

turm grenzt der Staffingerhof an, einst Sitz des 1556 gegründeten Landsberger Bundes. Er existierte bis 1599 und hatte sich die Abwehr des Protestantismus zum Ziel gesetzt. Danach gelangte das Gebäude samt dem schönen Arkadenhof, auch als Turnierhof genutzt, in den Besitz der Herzöge von Bayern. Über den Hinteren Anger kommen wir zur mächtigen Stadtpfarrkirche Mariä Himmelfahrt (15. Jh.). Sie besitzt herrliche Glasgemälde (16. Jh.) und Stuckarbeiten sowie Schnitzarbeiten von Lorenz Luidl (Palmesel) und Hans Multscher (Multscher Madonna).
Treppen helfen uns beim Überwinden des Höhenunterschieds hinauf zum Gelände des ehemaligen Jesuitenklosters. Neben dem Portal der Heilig-Kreuz-Kirche (1752-54) befindet sich der Eingang zum schönen Arkadenhof, der zum Jesuitenkolleg gehörte. Die von außen schmucklose Kirche besticht durch die Pracht des Barock und Rokoko im Innenraum, mit Stuckornamenten und Fresken, Gemälden und feinen Schnitzarbeiten an den Beichtstühlen. Im ehemaligen Jesuitengymnasium hat die Stadt ihr neues Museum eingerichtet. Neben zahlreichen Zeugnissen des bürgerlichen Lebens sind es vor allem Kunstwerke aus den zahlreichen Gotteshäusern, von denen Landsberg zur Zeit des Rokoko bei 2000 Einwohnern immerhin 11 besaß. Eine der wertvollsten Plastiken ist die spätgotische Darstellung der Krönung Mariens.
Der Rundweg führt nun wieder bergauf zum klotzigen Bayertor, dessen 36 m hoher Turm einen ungehinderten Ausblick über die Altstadt und - bei guter Sicht - bis hin zu den Ketten der Alpen ermöglicht. Außerhalb des Tors richten wir uns nach den Markierungen des erweiterten Rundgangs und folgen der gepflegten Promenade außerhalb der Stadtmauer zum Jungfernsprungturm. Am Hofgraben - wenige Meter wieder zurück - betreten wir erneut den Altstadtbezirk, dessen Häuser kurioserweise ohne Berücksichtigung von Straßen durchnumeriert sind. Vom Schloßberg genießen wir noch einmal die Aussicht, ehe wir über den

Der 30 m hohe Mutterturm (erbaut 1884-1888)

Das repräsentative Bayertor (15. Jh.) ist einer der größten gotischen Wehrbauten einer Stadtbefestigung in ganz Bayern.

Hofgraben, steil bergab durch das malerisch verwinkelte Hexenviertel, den Schönen Turm erreichen. Da in seiner Durchfahrt früher die Bauern ihre Erzeugnisse verkauften, heißt er im Volksmund auch Schmalzturm. Der repräsentative Wehrbau entstand im 13. Jh. und gehörte zur ältesten Stadtbefestigung. Am angrenzenden Hauptplatz beenden wir unseren Rundweg.

Daß eine Stadt mit derartig großer Vergangenheit ihr Brauchtum pflegt, ist eigentlich wenig erstaunlich. Neben dem Stadtfest, dem Belagerungsfest, dem Christkindlmarkt und den Führungen in historischen Kostümen ist es vor allem das alle vier Jahre stattfindende „Landsberger Ruethenfest", das zahlreiche Besucher aus nah und fern anlockt. Etwa 1000 Landsberger Kinder, viele in historischen Kostümen, spielen dann zusammen mit den Erwachsenen Stadtgeschichte und lassen das Mittelalter lebendig werden.

Seit über 300 Jahren ▶ bewacht das Sandauer Tor die nördliche Stadtzufahrt.

▼ Landsberger "Ruethenfest" (Kinderfest, das alle 4 Jahre stattfindet, nächstes Ruethenfest 2003)

19

Hohenfurch

Entlang der B 17 sind es ca. 22 km nach Hohenfurch. Unterwegs lädt das barocke Gasthaus am Römerkessel - mit Blick auf den angestauten Lech - zu einer Rast ein. Von hier aus bieten sich Ausflüge zum Ammersee an mit Dießen (Stiftskirche mit Stuckarbeiten Feuchtmayrs und Gemälden Tiepolos) und dem Kloster Andechs (Aussichtspunkt, Rokoko-Kirche, Brauerei und Bierausschank durch Benediktiner-Mönche).

Madonna in Hohenfurch.

Die Romantische Straße durchschneidet das Dorf Hohenfurch, das in oberbayerisch-ländlicher Umgebung zu einem geruhsamen Urlaub einlädt. Inmitten einer Vielzahl von herrlichen Kirchen und Klöstern gelegen, bildet es die nördliche Pforte zum Pfaffenwinkel hier im Alpenvorland. Der Ort besitzt eine für dörfliche Verhältnisse sehr schöne Kirche, dessen Turm und Chor aus dem 14./15. Jahrhundert stammen. Um 1750 wurden der Chor und das spätgotische Langhaus im Stil des Rokoko umgestaltet und zusammen mit den drei Altären 1754 geweiht. Auch die restliche Innenausstattung stammt überwiegend aus dieser Zeit. Durch die hohen Fenster des Langhauses und die zart getönten Wessobrunner Stuckarbeiten wirkt der Innenraum hell und freundlich und läßt die Fresken, Bilder und Schnitzfiguren voll zur Wirkung kommen.

Etwas außerhalb des Ortes erhebt sich auf einem Hügel ein weiteres Gotteshaus, die spätromanische St. Ursulakapelle. Die Kapelle ist geschlossen. Nur 5 km trennen uns noch von Schongau, dem nächsten Ort der Romantischen Straße.

Information

Information:
Frau Johanna Gerbl, Lechstraße 4, 86978 Hohenfurch, Telefon 08861/4423
Pfarrkirche:
Kirche ist durch ein Gitter abgeschlossen. Schlüssel im Pfarrhaus erhältlich.

20 Schongau

Während das ursprüngliche Schongau auf der Gemarkung von Altenstadt liegt, entstand im 13. Jahrhundert die heutige Ansiedlung auf dem ehemaligen Umlaufberg des Lech. Bereits 1331 hatte sie Stadtrechte und in der Folge einträgliche Privilegien erhalten. So entwickelte sie sich zu einer bedeutenden Handelsniederlassung, bis sich nach der Entdeckung Amerikas und des Seewegs nach Südostasien die Handelswege verlagerten.

Die romantische, mittelalterliche Bergstadt hat heute ca. 12.000 Einwohner, von denen weitaus die meisten außerhalb der Stadtmauer wohnen. Da im Zentrum die Parkplätze rar sind, empfehlen wir Autofahrern, die kostenfreie Garage in der Amtsgerichtsgasse zu benutzen. Von hier ist es entlang der

Schongau: Blick über den Marienplatz, benannt nach der 8,50 m hohen Brunnensäule. Dahinter die Stadtkirche Mariä Himmelfahrt.

Information

Verkehrsamt Schongau, *Münzstraße 5, Postfach 1322, 86953 Schongau, Tel. 08861-7216 + 71444, Fax 08861-2626, Internet: http://www.schongau.de*
Öffnungszeiten:
Stadtmuseum: *Dienstag bis Sonntag von 10-12 Uhr und 14-17 Uhr.*
Stadtpfarrkriche Mariä Himmelfahrt: *täglich von 8-18 Uhr.*

Weinstraße nicht weit zum heutigen Rathaus ❶, erbaut 1922-26. Wir folgen nun dem Rundgang des Verkehrsamtes Schongau durch die gotische Altstadt. Dem Rathaus gegenüber erhebt sich die äußerlich schlichte Stadtpfarrkirche Mariä Himmelfahrt ❷, deren Turm und Chor im 17. Jahrhundert, das Langhaus 1751-53 entstanden. Die zahlreichen Fresken und Statuen der Kirche sind auf das Leben Mariens ausgerichtet, deren Statue auch im Zentrum des figurenreichen Hochaltars steht. Das Chordeckengemälde zeigt die Aufnahme Mariens in den Himmel durch die Heilige Dreifaltigkeit. Dabei ist der Hl. Geist als barocker Kavalier dargestellt, obwohl diese Form bereits seit 1745 durch päpstliches Dekret verboten war.

Südlich der Kirche breitet sich der Marienplatz, nach Süden abgeschlossen durch den Stufengiebel des Ballenhauses ❹. Das gotische Gebäude (1419 und 1515) diente früher als Warenlager und bis 1902 als Rathaus. Aus dieser Zeit ist die reich ausgestattete Ratsstube erhalten. Nachfolger war das benachbarte Alte Rathaus ❸, heute Städtische Musikschule. Das Gebäude wurde bereits 1580 als Gasthof zum Stern erwähnt und besitzt eine reiche Stuckierung des Wessobrunners Franz Schmuzer.

Die Mariensäule vor dem gotischen Stufengiebel des Ballenhauses, einst Warenlager und später Rathaus von Schongau.

Wenden wir uns wieder dem Marienplatz zu, so steht rechts in Höhe des Brunnens das Finanzamt ❺, das ehemalige Kastenamt des Klosters Rottenbuch und später königlich-bayerisches Rentamt. In der Mitte des Platzes gefällt die wappengeschmückte 8,50 m hohe Säule des Marienbrunnens ❻. Sie ist ein historisierendes Werk des Bildhauers Bernd Schmitt von 1949. Hier mündet von Westen die Löwenstraße ein, über die wir die ehemalige Stadtapotheke ❼ erreichen, bis um 1800 Brauerei „Drei Hasen". Sehenswert ist vor allem der romantische Innenhof.

Wenn wir am Ende der Löwenstraße nach links und einen Häuserblock weiter nach rechts abbiegen, stehen wir vor dem Frauentor ❽, das bereits 1392 erwähnt wurde. Das Wandgemälde mit der Muttergottes schuf Bürgermeister Johann Pöllandt um 1700. Hinter dem Tor halten wir uns nun links an der Wehrmauer, die uns zum Polizeidienerturm ❾ geleitet, mit 17,25 m höchster Wehrbau der Stadt und in früheren Zeiten bewachter Einlaß für späte Gäste oder Heimkehrer. Von hier, dem Südende der Altstadt, haben wir einen schönen Blick zum Lech und auf die Berge.

Der folgende Eckturm ❿ ist mit 15 m nur unwesentlich kleiner als sein Nachbar. Durch die Einfahrt der breiten Lechtorstraße betreten wir wieder Altstadtboden und biegen sogleich nach rechts in die Karmeliterstraße ein, der wir bis zu ihrem Ende folgen. Dabei passieren wir das Steingadener Richterhaus ⓫ von 1492, links gegenüber steht die Heiliggeistkirche ⓬, die für das 1719 gegründete Karmeliterkloster erbaut wurde. Die an sich zurückhaltende Ausstattung einer typischen Bettelordenskirche wird überstrahlt von den doch recht ansehnlichen sieben Altären, der wertvollen Orgel und vor allem der prächtigen Kanzel, Stiftung eines wohlhabenden Handwerkerehepaars.

Der Durchgang am Klostergebäude sowie immer wieder unbebaute Flächen lassen uns ab und an einen Blick auf die alte Wehrmauer ⓭ werfen, die hier, an der Ostseite, keine Türme aufweist: Rechts lag ja Bayern. Unser Weg setzt sich geradeaus durch die Amtsgerichtsstraße fort, bis wir am Friedhof zu einer Linkskurve gezwungen werden. Hier steht die St.-Sebastians-Kirche ⓮, geweiht 1774. Neben drei Hochaltar-Figuren des bereits genannten Bürgermeisters Pöllandt (1697) ist besonders der bühnenartig anmutende Choraltar sehenswert. Auf dem Ober-

Stadtmauer mit Wehrgang und Torturm.

bild des rechten Seitenaltars ist der hl. Magnus mit Drachen dargestellt, der Schutzpatron gegen Garten- und Feldungeziefer: Laut Rechnungen des Stadtkämmerers wurde im 17. und 18. Jahrhundert mehrmals der Stab des Heiligen aus Füssen herbeigeschafft, um der Mäuseplage Herr zu werden.
An der breiten Münzstraße wenden wir uns nach rechts und blicken auf das Münzgebäude ⓯, das später als Gefängnis genutzt wurde und heute die Polizei beherbergt. Schongau hatte von 1331 bis 1750 das Münzprivileg inne, das jetzige Gebäude entstand allerdings erst 1771.
Hinter dem Königstor (1331) folgen wir dem Weg wieder außerhalb der Stadtmauer nach links und sehen bald unterhalb des Hangs die Wallfahrtskirche „Heiligkreuz" ⓰. Als Nachfolger einer hölzernen Kapelle errichtete Joseph Schmuzer 1690-93 den heutigen Hauptbau und auch 1725 eine Erweiterung.
Unser Weg führt uns zum Maxtor, einst gleichzeitig Hoftor des Schlosses Schongau. Ein Fresko über dem Torbogen erinnert an die Stadtrechtsverleihung durch Kaiser Ludwig den Bayern 1331. Oberhalb steht Schloß Schongau ⓱, im 15. Jahrhundert Kleinresidenz der Wittelsbacher und später Sitz des Landrichters. Vor dem heutigen Landratsamt dokumentiert ein Bildnis, daß der große deutsche Politiker Franz Josef Strauß einst in diesem Gebäude arbeitete. Über die Christophstraße gelangen wir zurück zum Rathaus, verweilen jedoch zuvor am Stadtmuseum ⓲. Es ist im Gebäude der ehemaligen Erasmuskirche untergebracht und besitzt eine bedeutende Sammlung mit etwa 2000 Münzen, die Bauarbeiter in unserer Zeit in einem Tongefäß fanden und die während der Belagerung von 1372 vergraben worden waren.

Bayerische Trachtenkapelle über der Silhouette von Schongau.

21

Peiting

Ähnlich groß wie Schongau ist sein 4 km entfernter Nachbar, der Markt Peiting. Der Ort taucht 1055 in einer Urkunde auf, als Graf Welf IV. auf dem Schloßberg eine neue Burg errichten ließ, die zum Stammsitz der süddeutschen Welfen und Residenz der Peitinger Grafschaft wurde. Nach dem Aussterben der Grafenfamilie gelangte Peiting in den Besitz der Staufer, 1269 an die Wittelsbacher und damit an Bayern, blieb aber bis 1343 selbständig. Lediglich die Pfarrkirche St. Michael weist Spuren auf aus der großen Vergangenheit des Ortes: Die unteren Teile des Turmes und die Säulen des Altarunterbaus stammen aus der Bauzeit der ersten Steinkirche um 1055, der Taufstein ist 1331 datiert. Der übrige Bau entstand überwiegend im 18. Jahrhundert in recht schmuckloser Form. Sehenswert sind jedoch die drei Rokoko-Altäre, die man aus der 1803 aufgelösten Stiftskirche von Rottenbuch erwarb und teilweise durch Schnitzfiguren ergänzte, sowie die qualitätvollen Beichtstühle und die Kanzel. Für den Hauptaltar, der den gesamten Innenraum der Kirche beherrscht und dennoch in Rottenbuch Seitenaltar war, mußte man das Chorgewölbe anheben. Er ist ebenso wie die Seitenfiguren ein Werk Franz Xaver Schmädls von 1758. Die monumentale Krypta, das ehemalige Beinhaus, entstand vor 1350.

Nur etwa 700 m vom Ortskern entfernt steht die Wallfahrtskirche Maria Egg (um 1700), die durch ihre relativ reiche Ausstattung gefällt.

Neben der ländlichen Idylle bietet der Ort attraktive Möglichkeiten der Freizeitgestaltung und ist zentraler Ausgangspunkt für Wanderungen zu verträumten Moorseen und Ausflügen in die reizvolle Umgebung. Bei klarer Sicht empfiehlt sich besonders eine Fahrt auf den Hohenpeißenberg (988 m), von dessen Gipfel sich eine einmalige Aussicht über den Herrgottswinkel vor der Alpenkette ergibt. Auch hier oben steht seit 1619 eine Wallfahrtskapelle mit einem Gnadenbild. Ab Peiting folgen wir der B 23, die angesichts der majestätischen Berge nach Rottenbuch (10 km) führt.

Peiting: Pfarrkirche St. Michael.

Information

Verkehrsverein Markt Peiting, *Ammergauerstr. 2, 86971 Peiting/Obb., Telefon 08861/6535, Fax 08861/59140, Internet: http://www.peiting.de*

Pfarrkirche St. Michael: *geöffnet nur zu den Gottesdiensten.*

Wallfahrtskirche Maria Egg: *geöffnet täglich von 7.00-18.30 Uhr, spätestens bis zum Gebetläuten. Bitte den Seiteneingang am Friedhof benutzen.*

22 Rottenbuch

Schon von weitem grüßt der seitlich vom Kirchenschiff abgesetzte Turm des einstigen Augustiner-Chorherrenstifts, hervorgegangen aus einem von Herzog Welf I. 1073 gestifteten Kloster. Nach Zerstörungen im Mittelalter entstanden um 1700 und um 1750 neue, prächtige Klostergebäude, die jedoch im Zuge der Säkularisation 1803 weitgehend abgebrochen wurden. Dem ehemaligen Propst Herkulan Schweiger gelang es mit großem Engagement, wenigstens die Stiftskirche samt Turm zu bewahren. Von der einst umfangreichen Klosteranlage sind nur mehr einige Gebäude erhalten, so der Torbau und das ehemalige Bräuhaus.

Äußerlich schlicht gehalten, überzeugt das Gotteshaus durch eine perfekte Harmonie der drei Stilarten Romanik, Gotik und Barock. Während von der ersten Bauepoche um 1100 im wesentlichen nur der für diese Gegend ungewöhnliche Grundbau mit dem Querschiff erhalten blieb, entstammt der Aufbau von Kirchenschiff und Turm

Die heute erhaltenen Reste des einst weit umfangreicheren Klosterkomplexes von Rottenbuch mit der zentralen Klosterkirche.

Information

Verkehrsverein Rottenbuch e.V.
Klosterhof 36 (im Rathaus), 82401 Rottenbuch,
Telefon 08867/1464, Fax 08867/1858
Büro geöffnet: Montag - Freitag von 8.30-12.00 Uhr

Prächtige Innenausstattung der gotischen Klosterkirche mit herrlichen Fresken und Stuckarbeiten, Altären und Engelsfiguren im Stil des Rokoko.

dem 15. Jahrhundert. Aber erst die Rokoko-Ausstattung im 18. Jahrhundert gab der Kirche vor allem durch die üppige Stuckierung von J. Schmuzer und Sohn sowie die schönen Fresken des Matthäus Günther ihr heutiges Aussehen. Ergänzt wird diese raumumfassende Pracht von der trotz der Veräußerungen von 1803 wertvollen Ausstattung vor allem durch Franz Xaver Schmädl, der um 1760 neben zahllosen Engelsfiguren u.a. den Orgelsprospekt,

die Kanzel, die vier erhaltenen Seitenaltäre, die Stifterfiguren sowie den herrlichen Hochaltar schuf. Die Querschiffe ließ man nach 1803 abmauern. Im rechten, der heutigen Sakristei, stand zuvor der jetzige Hauptaltar der Pfarrkirche von Peiting. Ein besonderes Kleinod der gotischen Sakralkunst enthält der - vom Chor aus - erste Seitenaltar rechts: eine qualitätvolle spätgotische Madonna (um 1483), die ihrem Kind eine Frucht reicht. Etwa 500 m östlich entstand 1688 die achteckige Kapelle „Frauenbrünnerl" über einer Quelle. Auf ihrem Altar steht eine Nachbildung einer gotischen Madonna des 15. Jahrhunderts.

Nach weiteren 3 km auf der B 23 zweigt eine schmalere Straße nach rechts ab in Richtung Füssen. Wir fahren jedoch zunächst einige Meter weiter auf den Parkplatz links vor der Echelsbacher Brücke, welche seit 1929 die 76 m tiefe, urige Schlucht der Ammer überspannt. Die Straße, hier als Touristikroute „Deutsche Alpenstraße", führt über den bekannten Luftkur- und Moorbadeort Bayersoien, Unterammergau (St.-Nikolaus-Kirche), Oberammergau (Passionstheater, Kirche St. Peter und Paul) und Ettal (Kloster mit Kirche Mariae Himmelfahrt) nach Garmisch Partenkirchen (36 km).

Der gotische Turm der Klosterkirche mit seinem klassizistischen Helm.

Die Echelsbacher Brücke überspannt die urtümliche Ammerschlucht.

23 Wildsteig

Wir aber nehmen den Abzweig kurz vor der Brücke, der uns nach weiteren 3 km entlang der Romantischen Straße nach Wildsteig führt, einer ruhigen Bergbauerngemeinde von 1100 Einwohnern am südlichen Rand des Pfaffenwinkels. Durch seine Lage inmitten von Natur- und Landschaftsschutzgebieten mit seltenen Pflanzen und Tieren ist Wildsteig als Erholungsort anerkannt.

Das ansprechende Gotteshaus, St. Jakob geweiht, erhielt seine heutige Gestalt in der zweiten Hälfte des 18. Jahrhunderts. Außen denkbar bescheiden gehalten, gefällt die Kirche durch ihren hellen heiter wirkenden Innenraum. Die feinen Stukkierungen des Wessobrunner Meisters Thassilo Zöpf und seines Schülers Doll zeigen Merkmale sowohl des Barock als auch des weit strengeren Klassizismus. Die qualitätvollen Fresken malte der Oberammergauer Künstler Franz S. Zwinck, den man nach seinem Hausnamen „Lüftlmaler“ nannte. Bemerkenswert ist auch der Hochaltar mit einem Bild des Malers Johann Degler (1666-1729) und den beiden hervorragenden spätgotischen Begleitfiguren, die einst den gotischen Hochaltar der Klosterkirche in Rottenbuch zierten.

2,5 km hinter Wildsteig zweigt die schmale Straße zur „Wies“ nach links ab.

Verkehrsverein Wildsteig
Kirchbergstraße 20a, 82409 Wildsteig,
Telefon 08867/409

24

Wallfahrtskirche "zum Gegeißelten Heiland auf der Wies" und Steingaden

Ihrem Namen Ehre machend, taucht die schlichte, weiße Kirche inmitten der Wiesen und vor dem dunklen Hintergrund der Berge auf. Wie kommt ein so herrliches Gotteshaus in diese Einsamkeit der Wälder, Wiesen und Hochmoore? Im Jahr 1730 hatten zwei Prämonstratenserpater des Klosters Steingaden für die Karfreitagsprozession aus verschiedenen Holzfiguren einen „Gegeißelten Heiland" gefertigt. Seine Gelenke überzogen sie mit Leinwand, die sie mit roter Farbe bemalten. Mancher nahm Anstoß an der allzu „blutbefleckten" Statue, die daraufhin 1734 auf dem Dachboden eines Gastwirts in Steingaden verschwand. Bereits vier Jahre später holte sich eine Verwandte des Wirts die Figur auf ihren „Wieshof" und verehrte sie hoch. Noch im selben Jahr geschah das „Wunder in der Wies", als man auf dem Antlitz des „Gegeißelten Heilands" Tränen entdeckte. Sogleich setzte eine starke Wallfahrtsbewegung ein, die fromme Pilger selbst aus der Schweiz, Böhmen, Tirol und Ungarn zu der 1740 erbauten Feldkapelle führte. Bei dem weiter wachsenden Ansturm entschloß sich der Abt von Steingaden bereits 1745, hier eine große Wallfahrtskirche zu erbauen. Dem Wessobrunner Baumeister Dominikus Zimmermann, damals bereits 60 Jahre alt, gelang mit der weltberühmten Wieskirche die Krone seines künstlerischen Schaffens. Er selbst muß das wohl auch so empfunden haben, denn - obwohl er nach der Fertigstellung noch 12 Jahre lebte - baute er keine größere Kirche mehr und blieb in dem kleinen Haus unterhalb seines Meisterwerks bis zu seinem Tod. Sein Werk jedoch hat ihn unsterblich gemacht mit seiner unvergleichlichen Harmonie von Landschaft und Architektur im Äußeren, Baukunst, Bildhauerei und Malerei im lichtdurchfluteten Inneren der Wallfahrtskirche. Der Bruder des Baumeisters, Johann Baptist Zimmermann, Hofmaler am kurfürstlichen Hof in München, schuf die vielbewunderten Deckenfresken, wohl mit die schönsten Werke der Rokokomalerei. Anton Sturm und Aegidius Verhelst arbeiteten als Bildhauer. Der säulenumrahmte Hochaltar beherrscht den Chor und birgt das berühmte Gnadenbild. Die Säulen hier wirken wie Marmor, sind jedoch aus Stuck gefertigt, so daß sie farblich nach dem Plan des Architekten gestaltet werden konnten. Das scheinbare Steingewölbe des Langhauses, 28 m lang und 18 m breit, ließ D. Zimmermann in Holz fertigen. Dadurch sparte er an Gewicht ein und konnte die Außenwände durch viele hohe und breite Fenster durchbrechen, was die fast unglaubliche Lichtfülle erklärt sowie die eleganten schlanken Säulen. Die Decke ist, bis auf eine Hohlkehle von etwa 2,50 m, völlig flach, wirkt jedoch durch die perspektivischen Malereien

Information

Verkehrsamt Steingaden,
Schongauer Straße 1, 86989 Steingaden, Telefon 08862/200, Fax 08862/6470
Wallfahrtskuratie Wies,
86989 Steingaden-Wies, Telefon 08862/501, Fax 08862/414
Die Kirchen sind während des Tages geöffnet

Die barocke Wieskirche gilt als Inbegriff einer bayerischen Rokoko-Kirche im Einklang zwischen Natur und Architektur.

und die raffinierte Farbgebung wie ein echtes Gewölbe über dem Oval des Langhauses. Dieses ist nach Westen hin noch einmal ausgebuchtet, um Raum für die anmutig geschwungene Orgelempore zu schaffen, eine Augenweide in Weiß und Gold.

Weitaus farbenprächtiger sind die reich verzierte, lebendige Kanzel, wohl auch von D. Zimmermann entworfen, und die gegenüberliegende Abt-Empore, ihr architektonisches Gegengewicht.

Beinahe wäre nach der Säkularisation 1803 auch die Wies, heute UNESCO-Weltkulturgut, unwiederbringlich verlorengegangen: Nach Aufhebung des Klosters in Steingaden sollte sie samt vollständiger Inneneinrichtung auf Abbruch versteigert werden. Glücklicherweise war das Höchstgebot von 800 Gulden (Baukosten ca. 180 000 Gulden) der Landesdirektion in München zu wenig, so daß Angehörige des Stiftes Steingaden und der Gemeinde Fronreiten das Schlimmste abwenden konnten.

Nach 5 km - zunächst zurück zur Verbindungsstraße, dann Richtung Füssen - kommen wir zum Erholungsort Steingaden. Vor seinem Aufbruch zum 2. Kreuzzug gründete Herzog Welf VI. hier 1147 das Prämonstratenserkloster, das bis 1803 existierte. Die romanische Fassade des Münsters repräsentiert den Baustil in der Zeit der Ordensgründung, die qualitätvolle Ausstattung die Stilepochen der Jahrhunderte bis zur Auflösung des Klosters. Neben dem Münster, das zur Pfarrkirche des Ortes wurde, sind von den einst umfangreichen Baulichkeiten der westliche Flügel des stimmungsvollen romanischen Kreuzgangs (13. Jh., gotisches Gewölbe),

Wieskirche: Die bestechende Lichtfülle durch die weiten Fensteröffnungen läßt den überwältigenden Formenreichtum von Architektur,

Stuckarbeiten, Gemälden und Einbauten eindrucksvoll zur Geltung kommen.

die Brunnenkapelle (15 Jh.) und die Johanneskapelle (12. Jh.) erhalten. Diese romanische Rundkapelle, mit gotischem Gewölbe versehen, erinnert an die Grabeskirche in Jerusalem und dient seit 1853 als Grablege der Grafen von Dürckheim-Montmartin. In der Vorhalle (1491) des Münsters finden sich die Reste von Fresken, die um 1600 zur Zeit der Bemalung der Kirche entstanden. Sie zeigen Mitglieder der Fürstenfamilie der Welfen. Ihre Begräbnisstätte innerhalb des Münsters kennzeichnet eine Metallplatte im Mittelgang. An den Pfeilern rechts und links sind Epitaphien für Welf VI. (gest. 1191, Stifter des Klosters) und seinen früh verstorbenen Sohn Welf VII. (gest. 1167) angebracht. Sie fertigte der Münchner Hofbildhauer Johann Baptist Straub. Etwa gleichzeitig entstanden auch die vorzüglichen Rokokowerke Kanzel und Gnadenstuhl (Anton Sturm), die Bänke und Beichtstühle sowie die Deckengemälde, die noch heute durch ihre frisch wirkenden Farben imponieren. Älter sind der stattliche Hochaltar (1663), der stilmäßig zwischen Renaissance und Barock anzusiedeln ist, sowie das sorgfältig gearbeitete Chorgestühl (1534).

Weitere sehenswerte Kirchen finden sich in den Ortsteilen Urspring (teilweise romanisch), Kreuzberg und Ilgen (beide 1564). Die ehemalige Pestkapelle in Ilgen mußte 1670 einem Neubau weichen, den Johann Schmuzer aus Wessobrunn leitete. Auf der Mensa des Hochaltars steht das Gnadenbild, eine Muttergottesstatue mit Kind (um 1430).

Über Halblech fahren wir auf der B 17 in Richtung Füssen, bis uns nach ca. 16 km das Hinweisschild „Königsschlösser" in eine Seitenstraße führt.

Romanische Turmfassade des Münsters von Steingaden.

Romanischer Kreuzgang des einstigen Klosters mit Eingang zur Kirche.

Schwangau

mit den Königsschlössern

Gleich hinter dem Abzweig steht auf grüner Wiese die hübsche Wallfahrtskirche St. Coloman (1673). Ebenso wie bei ihrem Schwesterbau „Mariae Heimsuchung" in Ilgen war Johann Schmuzer hier Architekt und Stukkateur. Die Kirche besitzt einige sehenswerte spätgotische Schnitzwerke. Sie wurde nach einem irischen Pilger benannt, der hier rastete und heute als Schutzpatron des Viehs gilt. Ihm zu Ehren findet in Schwangau alljährlich der Colomansritt statt und am 26. Mai,am „Wurmfeiertag", ein Bittgang zur Kirche: Die gläubige Bevölkerung hatte das einst versprochen, wenn der Heilige sie von der herrschenden Engerlingsplage befreite.

Die Wallfahrtskirche St. Coloman vor dem Hintergrund der ersten Alpenberge, davor Schloß Neuschwanstein.

Von hier aus sieht man bereits das strahlend weiße Schloß Neuschwanstein, das einer phantastischen Theaterkulisse zu entstammen scheint. Es handelt sich hier um die geistige Schöpfung des Märchenkönigs Ludwig II. von Bayern, der 1864 als Achtzehnjähriger den Thron bestieg. Der schöne und einsame Monarch war begeistert von der germanischen Sagenwelt, die ihm die Musikdramen Richard Wagners nahegebracht hatten. Er zog sich mehr und mehr in eine Traumwelt zurück, zu der auch seine Schloßbauten in Neuschwanstein, Linderhof und Herrenchiemsee gehörten, Meisterwerke steingewordener Vergangenheit. Sein tragischer und bis heute ungeklärter Tod im Starnberger See beendete abrupt seine Bautätigkeit.
Schloß Neuschwanstein ließ er ab 1869 nach dem Vorbild der Wartburg in der

Information

Kurverwaltung Schwangau, *Münchener Straße 2, 87645 Schwangau, Telefon 08362/8198-0, Fax 08362/8198-25, Internet: http://www.schwangau.de, e-mail: kurverwaltung@schwangau.de Geöffnet von Mo-Fr von 7.30-12.30 und 13.30-17.00 Uhr. Während der Saison Sa von 9.00-12.00 und So u. feiertags von 10.00-12.00 Uhr geöffnet.*

Infostelle Hohenschwangau: *Geöffnet tägl. von Dez.-Okt., Nov. geschlossen.*

Schloß Neuschwanstein: *Geöffnet 1.4.-30.9. täglich von 8.30-17.30 Uhr, vom 1.10.-31.3. tägl. geöffnet von 10.00-16.00 Uhr. Geschlossen am 1.11., 24./25./31.12. und 1.1. sowie am Faschingsdienstag.*

Schloß Hohenschwangau: *Geöffnet 15. März bis 15. Okt. 8.30-17.30 Uhr, 16. Okt. bis 14. März 9.30-16.30 Uhr. Geschlossen 24. Dezember.*

Kirche St. Coloman: *Genaue Öffnungszeiten und Führungstermine unter Tel. 08362/8198-0.*

▲ *Altar der Hauskapelle.*

◀ *Neuschwanstein vor dem Alpsee.*

Schloß

◀ *Wohnzimmer.*

▼ *Abendstimmun*

Thronsaal. ▲

Neuschwanstein

Sängersaal. ▶

Nähe des Alpsees auf einem wildromantischen Felsen über dem Wasserfall der Pöllatschlucht erbauen. In romanischem Stil entstand ein fünfstöckiger Palas, reich verziert mit schlanken Türmen und Söllern. Die prunkvollen Wohn- und Repräsentationsräume zeigen in ihrer bildnerischen Ausgestaltung fast ausschließlich Motive aus der deutschen Vorzeit mit den Sagengestalten des Siegfried und Lohengrin, des Tannhäuser und Parzifal sowie Darstellungen des sagenhaften Sängerwettstreits und der Meistersinger. Eine Steigerung der überreich geschmückten Räume gelang dem Bauherrn mit dem Sängersaal, der die gesamte Länge des 4. Stockwerks einnimmt und dem Sängersaal auf der Wartburg nachempfunden ist. Vom westlich vorgelagerten Söller bietet sich dem Besucher ein herrlicher Ausblick über das Ammergebirge und die Tannheimer Berge.

Ab dem Parkplatz und der Bushaltestelle kann man Neuschwanstein in etwa 30 Minuten zu Fuß erreichen oder sich gegen eine Gebühr per Pferdefuhrwerk hinaufchauffieren lassen. Sehenswert ist dort droben auch die eiserne Marienbrücke, die in 92 m Höhe über die Schlucht führt und eine schöne Aussicht auf den 45 Meter tiefen Wasserfall ermöglicht.

Weniger hoch liegen die gelben Gebäude des Schlosses Hohenschwangau auf einem bewaldeten Hügel, nur wenige Gehminuten vom Parkplatz entfernt. Hier stand einst die Stammburg der Herren von Schwangau, die der Vater

König Ludwigs II., Maximilian II., im neugotischen Tudorstil einer englischen Burg wieder aufbauen ließ. Auch hier erinnert der Schwanenrittersaal an die Lohengrin-Sage, hier machte der junge Ludwig II. erste Bekanntschaft mit dem Sagengut, das seine Welt werden sollte. Vom Balkon des Tasso-Zimmers

Schloß Hohenschwangau: Rittersaal.

◀ *Winterromantik am Rand der Alpen mit Schloß Hohenschwangau.*

beobachtete Ludwig später mit dem Fernrohr die Fortschritte beim Bau von Neuschwanstein.

Bei schönem Wetter empfiehlt sich die Fahrt mit der Kabinenseilbahn auf den Tegelberg (1720 m), einen hervorragenden Aussichtspunkt über die Alpenmassive und Ausgangspunkt für Wanderungen durch das Naturschutzgebiet Ammergebirge. Dagegen bringt uns die Schwangauer Straße in das Zentrum des lebhaften heilklimatischen Kurorts Schwangau (3600 Einwohner), der neben seinen Schlössern die Ebene am Forggensee, grüne Hügel und schroffe Alpengipfel bietet, aber auch vier Seen und einen unverfälschten Ortskern. Nicht nur für Wanderer und Radfahrer, Kurgäste und Drachenflieger, Angler und Surfer, Ski- und Schlittschuhläufer ist Schwangau ein Reiseziel mit ungezählten Möglichkeiten. Der letzte Glanzpunkt der Romantischen Straße, Füssen, ist 4 km entfernt.

Wandern am Schwansee unterhalb Neuschwanstein.

26

Füssen

Am Fuße der Allgäuer Alpen formte die Kraft des Lechgletschers in der letzten Eiszeit eine liebliche Landschaft mit Moränenhügeln und zahlreichen Seen. Um die Zeitenwende eroberten die Römer das Gebiet, erschlossen es mit einer Militärstraße, der Via Claudia (Venedig-Augsburg), und sicherten den Zugang zum Paß durch ein Kastell auf dem heutigen Schloßberg. Im 8. Jahrhundert wirkte der hl. Magnus als Missionar und Lehrer des Glaubens in Füs-

Füssen, Zentrum des Ostallgäus, aus der Luft. Auf dem Hügel das Hohe Schloß, am Lech das ehemalige Benediktinerkloster St. Mang.

Information

Kurverwaltung Füssen, *Kaiser-Maximilian-Platz 1, 87629 Füssen, Telefon 08362-93850, Telefax 08362-938520, Internet: http://www.fuessen.de, e-mail: kurverwaltung@fuessen.de*

Museum der Stadt Füssen: *April-Okt. Di-So 11-16 Uhr, Mo geschlossen; Nov.-März Di-So 14-16 Uhr, Mo geschlossen.*

Staatsgalerie im Hohen Schloß:
April-Okt. Di-So 11-16 Uhr, Mo geschlossen; Nov.-März Di-So 14-16 Uhr, Mo geschlossen.

St. Mang Kirche, Spitalkirche, Franziskanerkloster mit Kirche St. Stephan: *täglich geöffnet.*

sen, wo er um 750 starb. Aus seiner Zelle entwickelte sich im Laufe der Jahrhunderte das heutige St.-Mang-Kloster mit der Kirche, in deren Krypta sich ein Fresco (um 980) befindet, das die Heiligen Magnus und Gallus darstellt. Im Jahre 1313 geriet die Stadt unter die Oberhoheit des Fürstbischofs von Augsburg, ehe sie 1802 an Bayern fiel. Aus der ehemaligen römischen Nachschubstraße hatte sich im Mittelalter eine wichtige Handelsstraße entwickelt mit Füssen als Umschlagsplatz, wo die Waren aus Italien auf Flöße umgeladen wurden. An der Blüte der Stadt im 15. Jahrhundert hatten auch die ansässigen Handwerker ihren Anteil, unter denen vor allem die Lauten- und später die Geigenmacher internationale Bedeutung erlangten. Heute ist Füssen (16400 Einwohner), der Glanzpunkt des Ostallgäus, zentraler Fremdenverkehrsort mit einer Fülle von Freizeitmöglichkeiten zu jeder Jahreszeit. Allein 180 km Wander- und Spazierwege führen zu den landschaftlich schönsten Punkten der Umgebung, zu den Kapellen, Kirchen und Königsschlössern, den Seen und Bergen. Ausgangspunkt eines Stadtrundgangs ist die Kurverwaltung Füssen (Touristen-Information) am Kaiser-Maximilian-Platz. Von hier führt die Reichenstraße mitten in die Altstadt. Hier wohnten die Händler und Handwerker, die der Straße den Namen gaben. Rechts fügt sich die Fassade der Krippkirche in die Häuserzeile ein, erbaut 1717/18 nach einem Plan des Baumeisters Johann Jakob Herkomer. Aus dieser Zeit stammen auch der Corpus des Missionskreuzes (Anton Sturm), die Votivbilder und der Hochaltar, den wahrscheinlich Dominikus Zimmermann schuf, der Meister der Wieskirche. Der Name „Krippkirche“ bezieht sich auf das Bild am Hochaltar. Am Nachbarhaus gefällt das

Die Reichenstraße mit dem Kirchturm von St. Mang (links) und dem Uhrturm des Hohen Schlosses.

Relief einer spätgotischen Madonna (um 1500).

Über die Fassaden der Reichenstraße blickt bereits der Uhrenturm des Hohen Schlosses. Erbaut von 1291 bis 1503, diente es als Sommerresidenz der Augsburger Fürstbischöfe. Zwei Erker zieren den Uhrenturm: Der eine konnte als Gußerker zur Verteidigung des Schlosses genutzt werden, der über Eck gestellte diente als Ausguck für den Türmer, der aufkommende nächtliche Feuer melden mußte.

Wo sich die Reichenstraße marktähnlich verbreitert, erinnert links am ehemaligen Zächerlhaus eine eiserne Kanonenkugel an die Beschießung der Stadt am 11.7.1800 durch Napoleons Truppen. Wir folgen dem nun leicht gekrümmten Verlauf der Straße, die uns am Rathaus vorbei zum Schloßaufgang führt. Nach dem Durchschreiten des ersten Tores haben wir den

Blick über den Lech auf das Kloster, darüber das Hohe Schloß.

Aufgang zum Schloß und Turm der Klosterkirche.

romantischen „Malerwinkel" erreicht, in dem zwei Durchfahrten, der Wehrgang und ein spitzbehelmter Wehrturm den Beschauer begeistern. Von hier aus führt die lange Stiege innerhalb der Mauer bis hinauf zum 1. Obergeschoß des Südflügels. Eine weitere phantastische Aussicht ergibt sich aus der Torhalle auf die Giebelseite des Nordflügels, an den sich der Dreifaltigkeitsturm lehnt. Zwischen den Fenstern des Obergeschosses erkennen wir die Wappen des Hochstifts Augsburg (rot-weiß) und des Bauherrn Friedrich von Zollern (um 1500). Aus dieser Zeit ist auch die kunstvolle gotische Kassettendecke im Rittersaal erhalten. Er ist im Rahmen eines Besuchs der Städtischen Galerie und der Bayerischen Staatsgemäldesammlungen zu besichtigen. Die restlichen Gebäude, mit Illusionsmalerei verziert, dienen heute dem Amtsgericht als Domizil.

St.-Anna-Kapelle: „Totentanz" von Jakob Hiebeler.

Vom Hohen Schloß genießen wir den Ausblick über den Lech und die Alpenberge. Zu unseren Füßen liegen die Baulichkeiten des ehemaligen Benediktinerstifts St. Mang, dessen Kirchenbau (1701-17) der einheimische Baumeister Herkomer leitete.

Ähnlich wie beim Hohen Schloß verzierte man um 1500 den romanischen Kirchturm mit Illusionsmalerei. Im Innern gefallen die reizenden Engelsgestalten (1719) des Anton Sturm sowie die stimmungsvolle Krypta, die noch von der romanischen Vorgängerkirche übrig blieb. Dort unten entdeckte man 1950 ein Fresko, das mit der Krypta vor dem Jahr 1000 entstanden war und teilweise recht gut erhalten ist. Etwa 200 Jahre jünger ist die umfangreiche Freskenfolge im Kreuzgang des Klosters, das heute großenteils als Rathaus dient. Die historisch bedeutsamsten Räume jedoch beherbergen heute das Museum der Stadt Füssen. Dazu gehört die Anna-Kapelle, in der sich die älteste Darstellung eines Totentanzes in Bayern befindet, gemalt 1602 von Jakob Hiebeler. Rathaushof und Museum erreicht der Besucher von der Lechhalde aus, wo die Büsten der vier Wohltäter des Klosters - Karl der Große, Pippin, Leopold von Österreich und Welf von Schwaben - die enge Tor-

Museum der Stadt Füssen: Klosterbibliothek.

enge Tordurchfahrt zieren. Schmuckstück des heutigen Rathauses ist der herrlich ausgemalte und stuckierte Fürstensaal, in dem im Sommer Konzerte stattfinden.
Auf dem Weg abwärts zum Lech fällt links die schmucke Spitalkirche (1748/49) auf, die eine reiche barocke Innenausstattung besitzt. Dieses Juwel des schwäbisch-bayerischen Rokoko schuf der einheimische Baumeister Franz Karl Fischer. Gegenüber erinnert eine Gedenktafel an das ehemalige Lechtor. Von drüben hat man einen schönen Blick über den Lech und die Altstadtdächer auf das Kloster und das Hohe Schloß. Hier führt die Tiroler Straße zum Ortsteil Ziegelwies an der Grenze nach Österreich, Ausgangspunkt für Wanderungen zu den Königschlössern (2,5 km), zum legendären Schwansee, zum Alpsee, den Ludwig II. besonders liebte, oder auf den Kalvarienberg mit der neugotischen Marienkapelle.
Östlich im Altstadtbereich ist aus der Zeit der Stadterweiterung eine hübsche Mauerpartie mit dem Pulverturm erhalten, an den der Alte Friedhof (seit 1528) mit der Sebastianskirche grenzt. Gleich neben der Friedhofspforte erinnert ein Grabstein an den Maler am königlichen Hof Domenico Quaglio (gest. 1837), dessen Hauptwerk die Wiederherstellung des alten Schlosses Hohenschwangau war. Nach Süden schließt sich an den Friedhof der Bezirk des Franziskanerklosters an, das samt seiner Kirche im 18. Jahrhundert erbaut wurde. Ganz in der Nähe steht das Bleichertörle. Es diente einst den Hausfrauen als Ausgang zur Stadtbleiche. Das Sandsteinrelief mit dem Doppelwappen ist mit der Jahreszahl 1503 datiert.

Rokokofassade der Heilig-Geist-Spitalkirche.

Füssen ist nicht nur historische Altstadt, es lebt von und mit seiner herrlichen Landschaft. Nach Westen führt eine Straße zu den Stadtteilen Bad Faulenbach, als Kneipp-Kurort, Mineral- und Moorheilbad anerkannt, und dem malerischen Erholungsort Weißensee am gleichnamigen See. Etwa ebenso groß ist der Hopfensee mit dem Kneipp- und Luftkurort Hopfen am See, an einem Sonnenhang über dem Gewässer gelegen. An beiden Seen ist Rudern, Segeln, Surfen, Baden und Angeln ebenso gut möglich wie am 16 km^2 großen Forggensee, der durch das Aufstauen des Lechs entstanden ist. Zusammen mit den kleineren Gewässern besitzt Füssen allein zehn Seen und ist daher im Sommer ebenso ein Anziehungspunkt für Wasserfreunde wie im Winter für Liebhaber von Aktivitäten auf dem Eis oder im Schnee. Dann nämlich bieten u.a. 50 km geräumte Wanderwege, Ski- und Rodelhänge am Tegelberg (6 km), gespurte Loipen, Natureis am Weissen- und am Hopfensee sowie (ganzjährig) Kunsteis im Eisstadion Wintersportmöglichkeiten in allen Variationen.

Vielleicht die schönste Jahreszeit im Gebirge ist der Herbst, wenn die Blätter sich verfärben und die Sicht bis zu weit entfernten Gipfeln reicht wie hier am Weißensee bei Füssen.

Die Burgenstraße

Im romantischen Rothenburg ob der Tauber wird die in diesem Büchlein beschriebene Romantische Straße gekreuzt von der Burgenstraße, die als einzige der großen Touristikrouten in West-Ost-Richtung verläuft.

Sie beginnt beim einstigen Barockschloß der Kurfürsten von der Pfalz in Mannheim/Rhein und führt über die Touristikzentren Heidelberg, Rothenburg o.d.T., Nürnberg und Bayreuth seit 1994 grenzüberschreitend über Marienbad und Karlsbad bis nach Prag, der Goldenen Stadt. Die nunmehr 975 km lange Strecke führt durch so reizvolle Landschaften wie das Neckartal, die Hohenloher Ebene, die Frankenhöhe, die Fränkische Schweiz, das Fichtelgebirge und den Kaiserwald, gesäumt von über 70 Burgen und Schlössern wie der weltberühmten Ruine des Heidelberger Schlosses, der mächtigen Kaiserburg in Nürnberg und der bedeutendsten tschechischen Burg Karlstein, die nach ihrem Erbauer, Kaiser Karl IV, benannt ist. Viele der Burgen und Schlösser sind zu Hotels und Restaurants, Cafes oder Weinstuben ausgebaut und bieten zum Teil moderne Gastlichkeit in historischer Umgebung oder bilden die Kulisse für Burg- und Schloßfeste oder Freilichtaufführungen. Daneben beeindruckt die Ferienstraße durch eine Vielzahl von mittelalterlichen Städten mit gut erhaltenen Kirchen, Wehrbauten, öffentlichen Gebäuden und Bürgerhäusern, zu deren Angebotspalette häufig historische Tänze, Festspiele und Märkte - vor allem auch vor Weihnachten - zählen. Das überreiche Angebot an architektonischer Vielfalt aus den Stilrichtungen der Romanik, Gotik und Renaissance sowie des Barock und Klassizismus wird ergänzt durch ungezählte Ausstellungsstücke, die eifrige Sammler in den mehr als 100 Museen an der Strecke zusammengetragen haben. Sie leisten einen eindrucksvollen Beitrag dazu, daß die Geschichte dieser ausgedehnten Region in uns lebendig wird einschließlich der unsterblichen Werke begnadeter Künstler und Handwerksmeister.

Die Burgenstraße wird seit vier Jahrzehnten von einer touristischen Arbeitsgemeinschaft betreut, deren Adresse Sie auf der Streckenkarte finden. Sie, und alle auf der Strecke liegenden Mitglieder, erteilen auch gern Auskünfte über die Möglichkeiten, zumindest große Teilstrecken mit öffentlichen Verkehrsmitteln, z.B. mit dem von einer Stewardess begleiteten Europabus E-189 (Mannheim-Rothenburg o.d.T.) zurückzulegen. Radfahrern stehen Transportplätze im Fahrradanhänger des Busses zur Verfügung. Für sie gibt es außerdem einen speziellen Radwanderführer für den Abschnitt Mannheim-Nürnberg, der ebenfalls über die Arbeitsgemeinschaft zu beziehen ist.

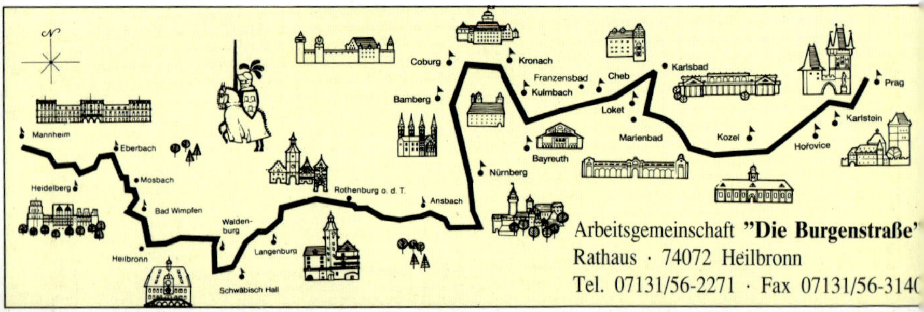

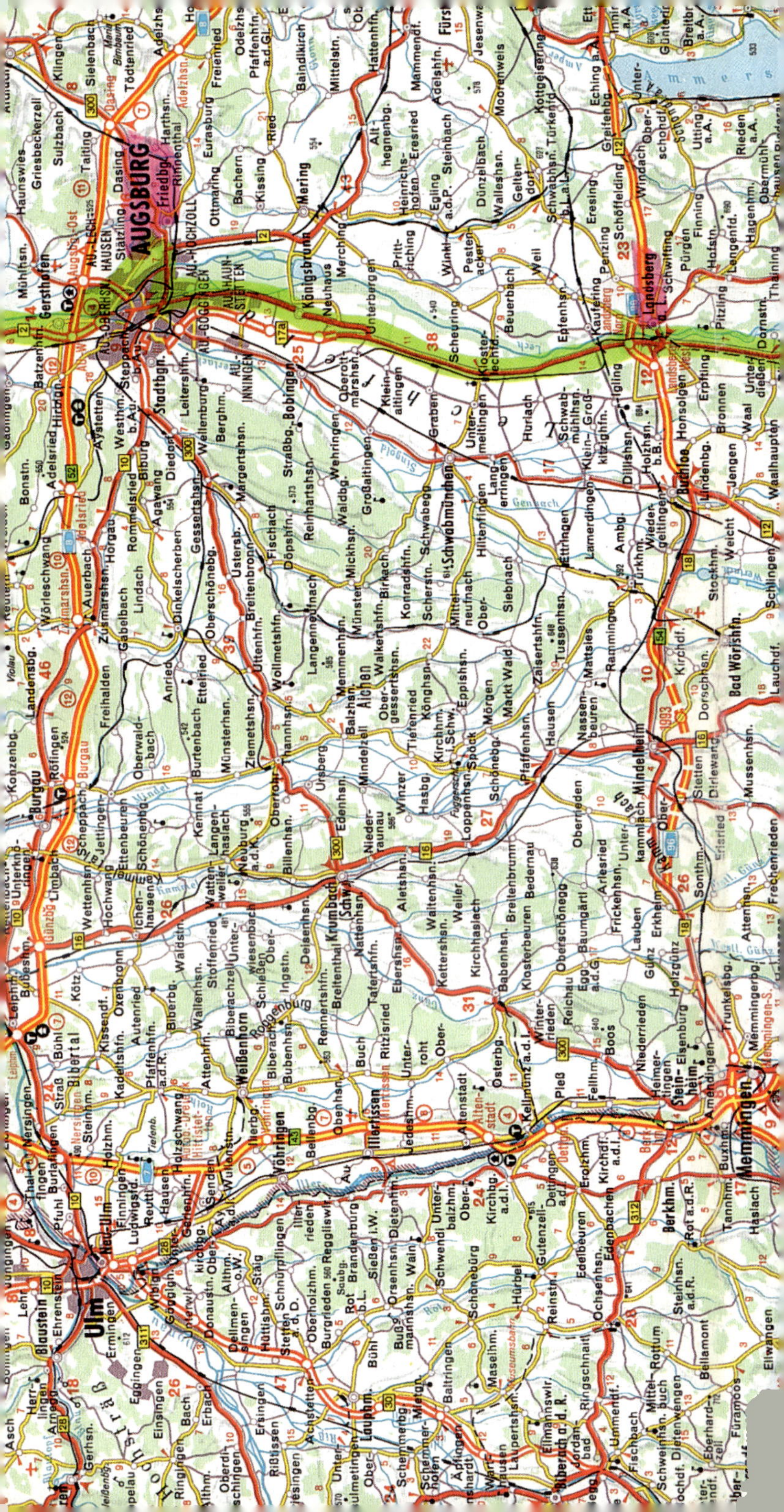

Augsburg
Ulm
Neu-Ulm
Memmingen
Mindelheim
Landsberg
Buchloe
Schwabmünchen
Krumbach (Schwaben)
Weißenhorn
Illertissen
Günzburg
Burgau
Bobingen
Königsbrunn
Mering
Gersthofen
Stadtbergen
Laupheim
Biberach a. d. R.
Bad Wörishofen
Babenhausen
Vöhringen
Senden
Blaustein
Berkheim
Türkheim
Ichenhausen

Ansbach
Heilsbronn
Schillingsfürst
Feuchtwangen
Dinkelsbühl
Crailsheim
Ellwangen (J.)
Schwäbisch Hall
Öhringen
Künzelsau
Braunsbach
Untermünkhm.
Gunzenhsn.
Wallerstein
Bopfingen
Murrhardt
Gaildorf
Rot a. S.
Welzhm.
Treuchtl.
Oettingen i. B.
Wassertrüdingen
Ellwanger Berge
Limpurger Bge.
Mainhardter W.
Murrhardter W.
Waldenburger Bge.
Hahnenkamm
Virngrund
Ries

Schwäb. Gmünd
Göppingen
Heidenhm. a.d.Br.
Geislgn. a.d.St.
Kirchheim u.T.
Laichingen
Langenau
Günzburg
Dillingen a.d.D.
Lauingen (D.)
Gundelfingen a.d.D.
Giengen a.d.Br.
Herbrechtingen
Oberkochen
Unterkochen
Ohmenhm.
Donauwörth
Harburg (Schw.)
Nordhm.
Höchstädt a.d.D.
Heubach
Süßen
Donzdf.
Eislingen/F.
Uhingen
Schorndf.
Lorch

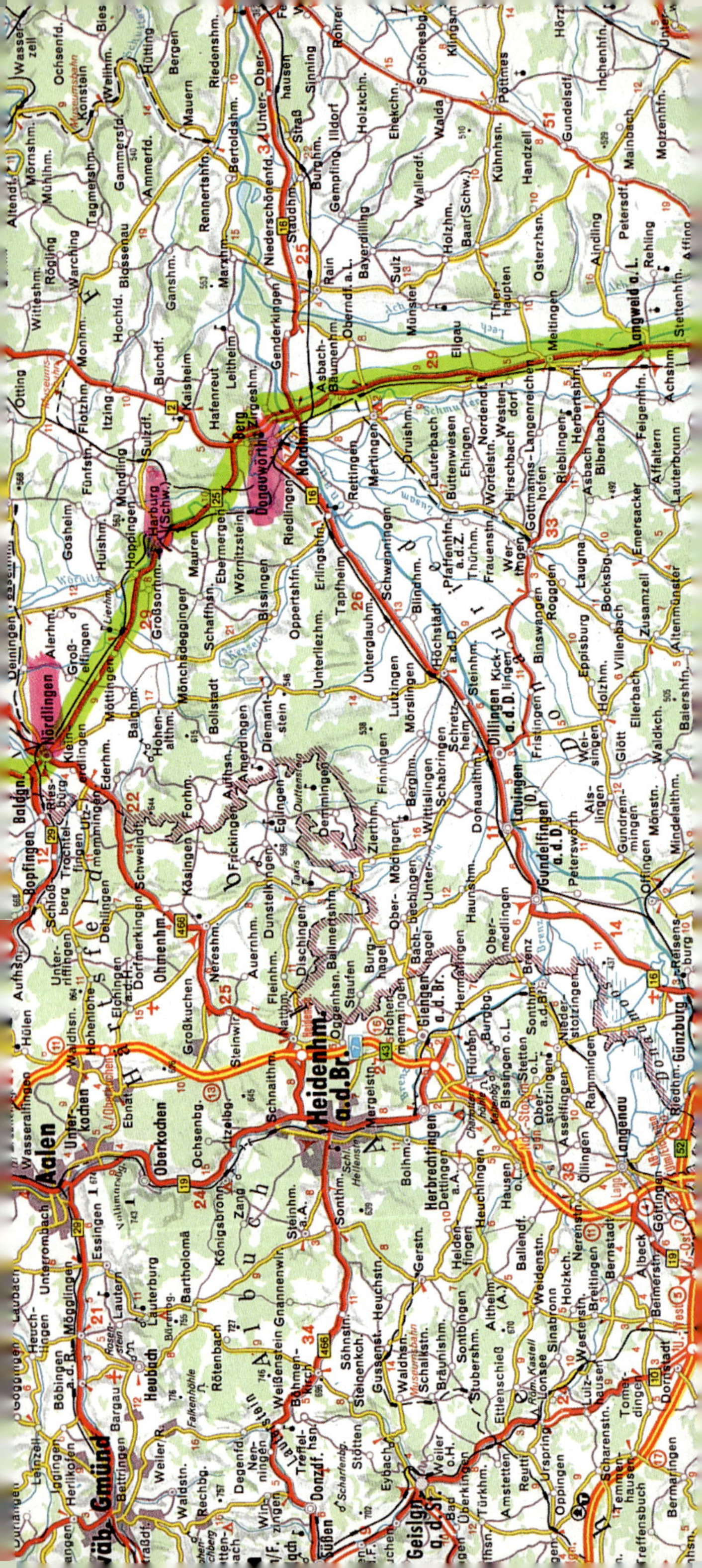

Aalen
Oberkochen
Unterkochen
Heidenheim a.d.Br.
Herbrechtingen
Giengen a.d.Br.
Nördlingen
Bopfingen
Harburg (Schw.)
Donauwörth
Nordheim
Rain
Dillingen a.d.D.
Lauingen (D.)
Gundelfingen a.d.D.
Höchstädt a.d.D.
Wertingen
Meitingen
Langweid a.Lech
Günzburg
Langenau
Geislingen a.d.St.
Schwäb. Gmünd
Heubach
Ohmenheim
Neresheim
Wemding
Oettingen
Monheim
Kaisheim
Donzdorf
Süßen
Niederstotzingen
Burgau

WÜRZBURG
Wertheim
Kitzingen
Ochsenfurt
Tauberbischofsheim
Lauda
Königshfn.
Bad Mergenthm.
Igersheim
Weikersheim
Röttingen
Creglingen
Rothenburg o. d. T.
Uffenheim
B. Windsheim
Neustadt a. d. Al.
Emskchn.
Enzlar
Markt Bibart
Iphofen
Marktbreit
Hardhm.
Schweigern
Boxbg.
Dörzbach
Reichelshfn.
Tau b e r g r u n d

Kempten (A.)
Kaufbeuren
Marktoberdorf
Obergünzburg
Kraftisried
Schongau
Peiting
Hohenfurch
Rottenbuch
Steingaden
Wies
Wildsteig
Füssen
Schwangau
Peißenberg
Weilheim
Dießen a. A.
Garmisch-Partenkirchen
Oberau
Ammergebirge
Unterammergau
Oberammergau
Ettal
Linderhof
Reutte
Pfronten
Weißbach
Nesselwang
Wertach
Oy-Mittelberg
Oberjoch
Hindelang
Sonthofen
Immenstadt i. A.
Oberstaufen
Isny i. A.
Leutkirch i. A.
Kißlegg
Wangen
Lindenberg i. A.
Bad Wurzach
Aitrach
Ottobeuren
Memmingen
St. Mang
Durach
Sulzberg
Lechbruck
Roßhaupten
Forggensee
Bernbeuren
Trauchgau
Buching
Bayersoien
Saulgrub
Echelsbacher Brücke
Schl. Neuschwanstein
Schl. Hohenschwangau
Vils
Pinswang
Plansee
Lechaschau
Hinterstein
Bad Oberdorf
Fischen
Altstädten
Balderschwang
Steibis
Rauhenzell
Rettenberg
Kranzegg
Jungholz
Unterjoch
Schattwald
Grän
Haldensee
Nesselwängle
Hopfen a. S.
Eschach
Weißensee
Rieden a. F.
Seeg
Zwieselberg
Rückholz
Bischofswang
Prem
Burggen
Altenstadt
Schwabsoien
Sachsenried
Ingenried
Denklingen
Epfach
Kinsau
Apfeldorf
Wessobrunn
Birkland
Forst
St. Leonhard
Oderding
Polling
Raisting
Wielenbach
Hohenpeißenberg
Böbing
Schönberg
Schöffau
Uffing a. St.
Seehsn. a. St.
Ammerhöfe
Oberhausen
Altenau
Bad Kohlgrub
Aschau
Graswang
Farchant
Klammspitze
Hochplatte
Kramerspitz
Kienjoch
Griesen
Grainau